JN336213

大阪の祭

旅行ペンクラブ編

東方出版

住吉大社初詣（1月1日）

今宮戎神社十日戎（１月10日）

四天王寺どやどや（１月14日）

住吉大社御田植神事（6月14日）

愛染まつり（6月30日～7月2日）

天神祭（7月24・25日）

ＰＬ花火芸術（８月１日）

堺大魚夜市（7 月31日）

四天王寺盂蘭盆会万灯供養（8 月 9 ～16日）

岸和田だんじり祭（9月14・15日）

百舌鳥八幡宮月見祭のふとん太鼓（中秋の日に近い土・日曜）

御堂筋パレード（10月第２日曜）

序にかえて

大阪にはいい祭りがたくさんある。そして、大阪人には勇壮な祭りがよく似合う。日本の祭りは基本的に、①ケガレ（服喪）からハレ、②ハレ（正式・公）、③ハレからケ（日常・私）の三つの段階から成り立っているといわれている。

大阪の祭りにも、底流として、地域と時代を越えたこのような共通性があると思える。同時に、都市の祭り、農・山・漁村の祭りなどのように、地域性（あるいは時代性）の違いが当然のことながら存在する。人間の社会からますます「祭り的なるもの」が失われていく現在、あらためて身近な祭りを通して、その「こころ」と「かたち」に接し、それが持つ生命を、私たちの命とシンクロ（同調・共鳴）させてみるのも「おもろい」のではないか。大阪弁で言う「おもろい」には、単に可笑しいというだけでなく、非常に興味がある、趣き深い、という意味合いを含有しているのである。

京都や奈良の祭りの本は数え切れないほど出ているのに、大阪の祭りについてはきわめて少ないため、「おもろいモノ」好きの旅行ペンクラブの会員が、本書を共同執筆した。本書が、少しでも、大阪の祭り、ひいては大阪の土地柄を理解する役に立てるなら、執筆者一同望外の喜びである。

旅行ペンクラブ出版委員会

●神仏名・人名・歴史等については、原則として関係社寺の由緒によりますが、一部参考文献によるものもあります。
●本書のデータは二〇〇四年九月現在のものです。その後の変更についてはご容赦下さい。
●本書の取材・執筆・編集・資料提供・原稿校正その他について関係社寺等の方々に多大なご協力を賜りました。厚く御礼を申し上げます。

●目次

序にかえて　1

1月　9

1日　元旦祭住吉踊り　住吉大社　10
1～3日　古式富くじ　瀧安寺　11
2・3日　千本搗餅つき　水間寺　12
4日　踏歌神事　住吉大社　13
8日　人形供養　涌泉寺　14
10日　十日戎　今宮戎神社　15
11日　粥占神事　枚岡神社　17
14日　どやどや　四天王寺　19
第2日曜　松原市消防出初式　20
15日　とんど祭　高浜神社　21
17日　御弓神事　御霊神社　22
第3日曜　綱引神事　難波八阪神社　23
23・24日　初地蔵　蛸地蔵天性寺　24
24・25日　初天神梅花祭（鷽替神事）　大阪天満宮　25
28日　三宝大荒神祭　勝尾寺　26

2月　27

1～7日　節分祭　あびこ観音　28
2日　節分星祭り　帝釈寺　28
3日　鈴占神事　蜂田神社　29
年の初めの庚申の日と前日　天王寺初庚申　四天王寺庚申堂　30
20日　一夜官女祭　野里住吉神社　32
下旬　大阪城の梅　大阪城公園　34
27日　利休忌　南宗寺　35

3月　37

午の日　稲荷大祭　香具波志神社　38
中旬　十三まいり　太平寺　39
17〜23日　春の彼岸会　四天王寺　40
18日　かしく祭　法清寺　41
25日　菜種御供大祭　道明寺天満宮　42
25日　蓮如忌・石山講　大阪城　43

4月　45

第1日曜　蛇祭　八阪神社（高槻）　46
13日　お田植神事　杭全神社　48
13日　花摘祭　大鳥神社　50
16日　古式大的神事　石切劔箭神社　51
18日　包丁式　総持寺　51
中〜下旬　桜の通り抜け　造幣局　52
22日　聖霊会舞楽大法要　四天王寺　54
下旬　狭山池まつり　狭山池　56

5月　57

1〜5日　万部法要　大念佛寺　58
1〜10日　のざきまいり　野崎観音・慈眼寺　60
最初の卯の日　卯之葉神事　住吉大社　62
3・4日　老松古美術祭　老松通り一帯　63
3〜5日　中之島まつり　中之島公園一帯　63
5日　まくら祭り　日根神社　64
8日　おんだ　八坂神社（能勢）　66
20〜26日の日曜日　楠公祭　観心寺　67
28日　柴燈大護摩供大法会　瀧谷不動明王寺　68
下旬〜6月中旬　初夏を彩る花菖蒲　城北花菖蒲園　69
31日　粽祭　方違神社　70

6月　71

4日　歯ブラシ感謝祭　綱敷天神社末社歯神社　72
14日　御田植神事　住吉大社　73
30日　茅の輪くぐり神事　茨木神社　75

30日・7月1・2日　愛染まつり　勝鬘院愛染堂　76

7月　79

7日　開山忌大護摩法要　瀧安寺　80
7日　七夕祭　小松神社（星田妙見宮）　81
11・12日　いくたま夏祭　生國魂神社　82
11〜14日　平野郷の夏祭り　杭全神社　83
12〜14日　夏祭り　難波八阪神社　85
15日〜　大阪港みなとまつり　大阪港一帯　87
17・18日　高津宮夏祭り　高津宮　88
17・18日　夏季大祭　瓢簞山稲荷神社　90
第3土・日曜　夏祭り　比賣許曽神社　91
第3日曜に近い2日間　夏祭り　露天神社（お初天神）　93
19・20日　太鼓台祭り　感田神社　94
19・20日　夏祭　野田恵美須神社　96
21〜23日　大阪せともの祭　陶器神社・坐摩神社　97
24・25日　だいがく夏祭　生根神社　99
24・25日　天神祭　大阪天満宮　101
24・25日　夏祭子供神輿　飛田新地　103
27日　祇園祭あんどん神事　種河神社　103
30・31日・8月1日　住吉祭・夏越祓神事　住吉大社　104
31日　堺大魚夜市　浜寺公園　106

8月　107

1日　教祖祭PL花火芸術　PL教団　108
3日　お水まつり　泉殿宮　109
4日　篝の舞楽　四天王寺　109
9〜16日　盂蘭盆会万灯供養　四天王寺　110
11・12日　大阪薪能　生國魂神社境内　111
14日　葛城おどり　弥勒寺境内　112
お盆のあとの日曜　萬燈会供養　犬鳴山七寳瀧寺　113
18日　太閤祭　豊国神社　113
23日　大施餓鬼会船渡御　伝法山西念寺　114
23・24日　八尾地蔵盆踊り　常光寺　115
24日　がんがら火祭り　五月山愛宕神社から市内へ　116
27・28日　南御堂盆おどり　南御堂　118

30・31日　河内音頭まつり　八尾市　119

9月　121
2日前後の日曜　蛸座　夜疑神社・中井宮座　122
第1土・日曜　彦八まつり　生國魂神社　122
12日直前の金・土・日曜と12・13日　八朔祭　開口神社　124
第2日曜前後　西鶴忌　誓願寺　126
14・15日　秋季例大祭　誉田八幡宮　127
14・15日　岸和田だんじり祭　岸城神社他　128
15～25日　萩まつり　東光院　130
秋分の日　日想観　四天王寺　131
中秋の日に近い土・日曜　月見祭　百舌鳥八幡宮　132
26日　晴明大祭　安倍晴明神社　134

10月　135
第1日曜　こおどり　桜井神社　136
9日　獅子祭　原田神社　136
11日　松明神事　長野神社　139
第2土曜の前日　西代神楽　西代神社　140
第2土曜の前日　日野獅子舞　高向神社　141
第2土・日曜　熊取だんじり祭り　大森神社・熊取駅前通り　142
中旬の土・日曜　秋祭り　山辺神社　143
第2日曜　御堂筋パレード　御堂筋　144
第2日・月曜　波太神社秋祭　波太神社　146
14・15日　秋郷祭　枚岡神社　148
15・16日　天狗祭り　聖天宮西行寺　149
15・16日　秋例大祭　吉田春日神社　150
17日　岸辺のドンジ献供祭　吉志部神社　152
第3日曜と前日の土曜　堺まつり　大小路筋　154
18日　秋祭　建水分神社　155
22日に近い土・日曜　神田祭　八坂神社（池田）　157

11月　159
亥の日　亥の子　能勢町一帯　160

12月　165

〈ぶらり探訪〉

〈情報ファイル〉

口絵写真——登野城 弘
装幀——濱崎 実幸

睦月

1月

むつき

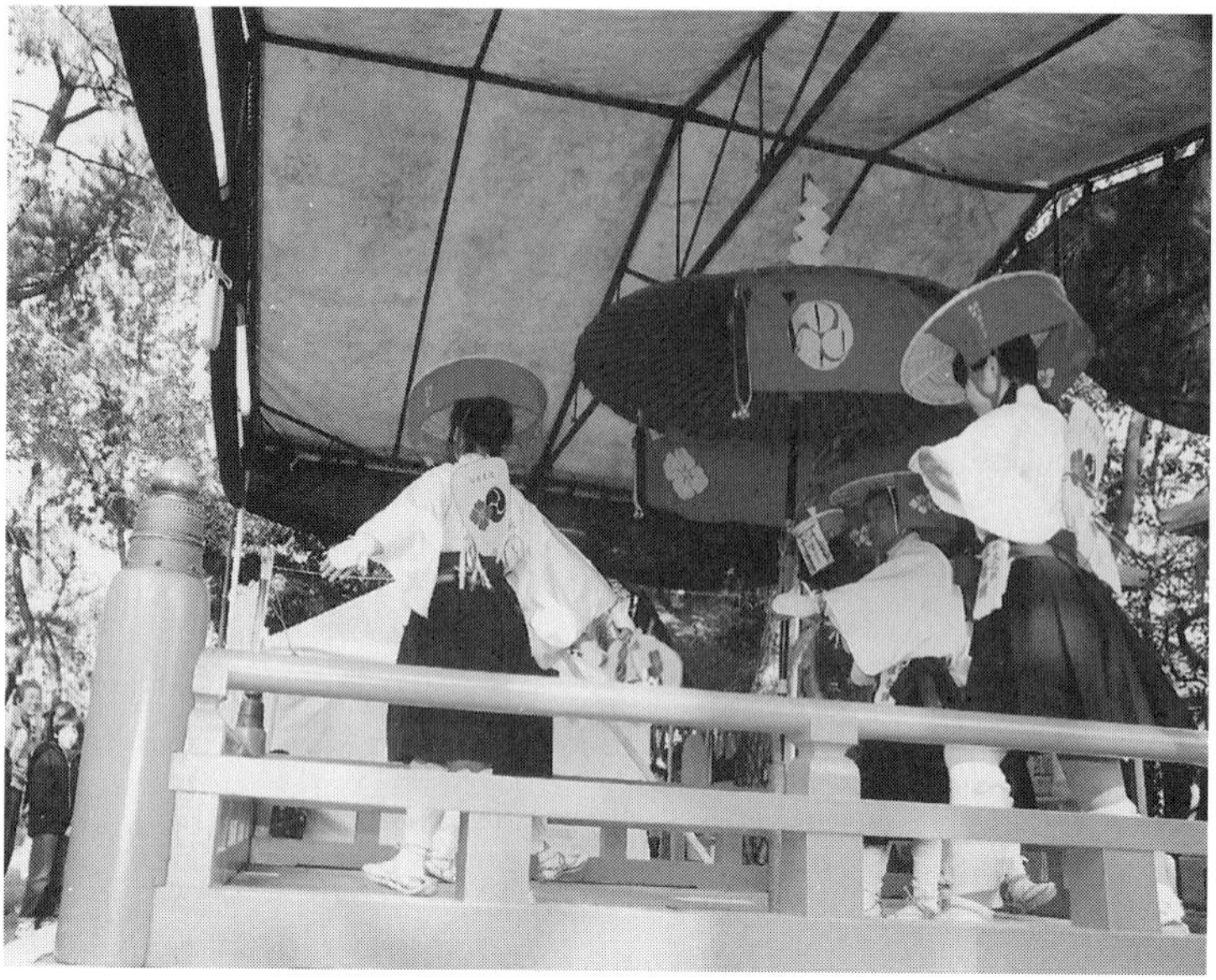

豊年を願って子どもたちの住吉踊り

1月1日【元旦祭　住吉踊り】住吉大社

新春を寿ぐ伝統の踊り

住吉大社は表筒男命《うわつつのおのみこと》・中筒男命・底《そこ》筒男命と神功皇后を祀り、国家鎮護の神、航海の神、和歌の神として知られる近畿地方きっての古社。初詣の人出は全国でも十指に入り、大阪では「一年の計は住吉さんの初詣で始まる」といわれる程で、毎年、正月三が日で二百万人を超える人たちで賑わう。一日は午前五時から若水の儀。第四本宮前の井戸から若水を汲み本宮や各摂末社にお供えする。六時から元旦祭。恒例祭と同じで第一本宮の開扉、お供え、閉扉が行われる。

正月三が日の間、十時から十五時まで三十分ごとに五月殿の前で古い歴史を持つ住吉踊りが奉納される。朱の欄干を巡らした小さな舞台で子どもたちが四人、赤い垂れを付けた菅笠を被り、「摂津浪速の一ノ宮エー住吉様のイヤホエ」の歌に合わせ僧の姿で踊る。

住吉大社ではこの元旦祭を最初に、重要無形民俗文化財の御田植神事や府無形文化財の夏越大祓など、末社・摂社併せて年間百数回におよぶ祭りが行われている。（河瀬）

◇所在地/大阪市住吉区住吉２－９－89
電話06-6672-0753
◇交通/南海本線住吉大社駅徒歩５分
◇時間/開門午前６時30分～（元旦のみ12月31日午後10時頃～）

1月1～3日【古式富くじ（富法会）】瀧安寺

お正月は外れなしの運だめし

富くじ発祥の地　現代は宝くじで運だめし

約四百年前に始まった「箕面の福富」。宝くじの元祖は瀧安寺だった。ただ現在のように賞金や商品が当たるのではなく特別の牛王宝印の護符《ごふ》を抽選で授けるものだった。参詣者は木の札に自分の名前を書いて大きな箱（富箱）に入れる。正月七日にその箱の上の穴から僧侶が長い錐《きり》で札を突いて三人の当選者を決め、護符を授与した。『摂津名所図会』にも「正月七日　箕面富」として描かれている。

江戸時代、賞金や商品が当たる行事が各地の寺社に広がったため幕府は幾度も禁止令を出したが瀧安寺だけは許可され明治まで続いた。落語「高津の富」では高津神社の富くじが久しぶりに許され、田舎から出て来た主人公が、宿屋のあるじに勧められ買った富くじが一等に当たり、「信じられへん」気持ちと、確認してからの気持ちの収拾と虚勢が面白おかしく語られる。

現在、富箱は弁天堂の前に据えられ、破魔矢を買った人が挑戦できる。景品はいろいろ。年末は宝くじをふところにお参りする人が多いという。（河瀬）

◇所在地/箕面市箕面公園２
電話072-721-3003
◇交通/阪急箕面線箕面駅徒歩15分
◇時間/午前９時頃～

若中による餅つき

1月2・3日【千本搗餅《せんぼんつきもち》つき】水間寺

威勢のいい若中《わかなか》の餅つき

水間駅から水間寺への道は初詣の人が列になって歩いている。門前からの寺の眺めもよい。視界の中に、左に本堂、右に三重塔が大きく入って心地よい。境内も本堂に向かって人と露店で埋め尽くされている。

餅つき場所の本堂の渡り廊下も人でいっぱいである。まず、住職が臼や杵を清め、祈願の後、いよいよ餅つきの始まりである。二つの臼を、「若中」のつき手二十名の若者が丸太棒を持って取り囲む。歌に合わせて威勢のよい掛け声で餅をつく。ほどよくついた餅が高く上げられると観衆から大歓声と大拍手のエールが送られる。餅つきは午前と午後の二回行われる。餅つきが終わると、午後三時過ぎから、寺の背後の公園で、つきたての餅まきが行われるのだが、そのいくつかの餅の中に五十円玉の銭入り餅があり、それを手にすると請願成就するという。

この餅つきの由来は、天平年間（七二九〜七四九）宮都が平城京にあった頃、僧行基と童子が観音様の出現を祝い、餅をつき供えたのが始まりとされ、貝塚市の無形民俗文化財に指定されている。

また、水間寺の由緒は、龍谷山と号し、天台宗別格本山で聖観世音菩薩を本尊としている。水間の寺号は、近木《こぎ》川と秬《きび》谷《たに》川の合流地点に位置することによるという。聖武天皇の勅願によって、僧行基が創建したとも、あるいは、七〇八年頃の開基とする説もある。それ以来、貴族や武家の信仰を集め、特に江戸時代には、岸和田藩主岡部氏の厚い保護を受け繁盛した。現存の本堂と三重塔は江戸時代後期のもので、どちらも貝塚市の有形民俗文化財指定。特に三重塔は大阪府下唯一の三重塔として知られる。

水間寺境内には、かの知られた「お夏清十郎の墓」があり、縁結びの神様と親しまれている愛染堂もある。（藤江）

水間寺の三重塔

◇所在地/貝塚市水間638
電話0724-46-1355
◇交通/水間鉄道水間駅徒歩15分
◇時間/午前９時～

1月4日【踏歌《とうか》神事】住吉大社

足を踏み鳴らして歌い踊り、五穀豊穣を願う神事。もとは宮中行事だったものが全国の神社で行われるようになったが、今は住吉大社と名古屋・熱田神宮のみに残るという。

直垂《ひたたれ》姿の戎神役が「ふくろもちー」と呼べば、大黒神役が「おーともよー」と応えて、小餅を神前に奉げる。続いて神《かぐ》楽女《らめ》による白拍子舞、熊野舞が舞われる。かの祇王や静御前も舞ったという白拍子舞の手振りを残す優雅さだ。このあと戎さん、大黒さん、神楽女の皆さんで福餅まき。一年の福をもらって帰る。（松田）

国宝の第一本宮前で行われる踏歌神事

◇所在地/大阪市住吉区住吉２-９-89
電話06-6672-0753
◇交通/南海本線住吉大社駅、阪堺電軌住吉鳥居前駅、同住吉公園駅徒歩１分
◇時間/午後１時～（約30分間）

1月8日【人形供養】涌泉寺《ゆうせんじ》

寛永六年（一六二九）の開創と伝えられる日蓮宗石用山《せきゆうざん》涌泉寺。境内に建つ牛堂は古くから牛馬の病災を除く守護仏として信仰を集め、毎年一月八日には近隣諸国から着飾った牛と飼い主が列をなして詣で、賑わった。

牛飼いの参詣は今もあるが、神宮寺だった涌泉寺には檀家がなく、山口法博住職が寺の存続のため、平成七年新たに人形供養を始めた。

供養は六月第二日曜にもあり、持ち込まれた人形の魂を送り返す祈祷が行われる。（吉田）

牛堂横に設けられた祭壇での供養

◇所在地/豊能郡能勢町倉垣1773
電話072-737-1440
◇交通/能勢電鉄妙見口駅からバス七面口
徒歩5分
◇時間/午前9時～午後3時（随時）

ぶらり探訪

●チンチン電車でのんびり行こう

ひとなつっこい顔でゴトゴト走る阪堺電軌のチンチン電車。歴史は古く、明治三十三年、天王寺西門～天下茶屋の間を走った馬車鉄道がその始まりである。

やがて沿線の開発などで乗客が増え電化に着工。明治四十三年、天王寺西門～住吉神社前を路面電車が走ることになり、今の上町線の基礎ができた。

恵比須町～浜寺間（阪堺線）が開通したのは明治四十五年のことである。

昭和三十年代以降はマイカーによる渋滞などで経営はピンチに陥ったが、低公害・便利さ・レトロ感覚を売り物に、貸しきり結婚式、パーティーなどに利用され人気を盛り返している。

沿線には安倍晴明神社、住吉大社など見どころや味処が多く、重要文化財の浜寺公園駅がある浜寺駅前まで約一時間、好きな形の電車にゆられて一日遊ぶのもいいのでは。（河瀬）

金の烏帽子も可愛い福娘による福笹の授与

1月10日【十日戎】今宮戎神社

「商売繁盛で笹もってこい！」呼び声賑々しく

正月休みが終わるとすぐに「十日戎」の祭りが来る。年の最初の祭りであり、商都・大阪ならではの熱気ある祭りだ。「十日戎」の祭礼は各地の戎神社で行われるが、今宮戎神社の祭礼がもっとも賑やかで盛大である。創建は、推古天皇の御代に聖徳太子が四天王寺を建立されたときに、同地西方の鎮護としてお祀りされたのが始めと伝えられ、天照大神・事代主命《ことしろぬしのみこと》ほか三神を奉斎している。鎮座まします場所は、大阪ミナミの繁華街からほど近い町の中。道頓堀の戎橋は、同神社への参詣道だったことからこの名が付けられたともいうし、難波駅に直結する一大ショッピングゾーン「なんばＣＩＴＹ」のある場所は、三百年以上の昔から今に至るまで祭りの日には参詣客が道を埋め、福笹が青々と波打つ光景が見られる、もっとも大きな参道になる。

そんな「十日戎」の主役は戎さま。大阪人は親しみを込めて「えべっさん」と呼び、商売の神様として篤く信仰している。初詣には行かずとも商売繁盛を願って「十日戎」にはお参りする商売人も多い。不景気になるとお賽銭が増えるというのも商売人ならではの発想で、いかにも大阪的。ところが、左脇に鯛を右手に釣竿を持つ戎さまは、その姿からも分かる通りもともと漁業の守神。それが時代が下るとともに、神社周辺が商業の町として繁栄し始め、いつしか戎さまも商業の繁栄を祈念する神として信仰されるようになったとか。大阪が町人の町、商業の町として一層の繁栄を遂げた江戸期には、「十日戎」の祭りもいよいよ賑わいをみせ、元禄期（一六八八～一七〇四）には、祭礼を彩る宝恵籠《ほえかご》の奉納も始まった。宝暦年間（一七五一～一七六四）になると、現在見られる宝恵籠の形式がほぼできあがり、紅白の布で飾られた駕籠に盛装した芸者が乗り込み、その周囲を幇間が取り囲み「ホエカゴホエカゴ、エライヤッチャエライヤッチャ」の掛け声とともに参詣する情景が見られたとか。

現在の祭りは一月三日から行われる神事を経て、九日の宵宮祭から始まる。十日の例祭では、境内で木津卸売市場による朝市も開かれる。朝十時頃には、宝恵籠がミナミの繁華街を出発。地元商店街の協力のもと昔の様式を残しつつ芸能人や野球選手、文楽人形を乗せて賑々しく行列が練り歩く。十一日は後宴祭《こうえんさい》があり、残福をいただきに最終日に出掛ける人も数多い。

また、境内では九日午前零時の開門から十二日早朝まで夜通し笹の授与・祈祷等が行われ、「商売繁盛で笹持って来い」というお囃子《はやし》が響く。青々とした葉をつける笹は「いのち」の象徴とされ、この笹に「吉兆」と呼ばれる小判や打出の小槌、米俵などの飾りを福娘につけてもらい持ち帰って、翌年お返しするのが習わしだ。また、えべっさんは耳が遠いのでドラを叩いて参詣に来ている旨を知らせる俗習もあり、「商売繁盛で」の呼び声とドラの音、三日間で百万人といわれる参詣者でごった返す境内は大変な賑わい。露店もたくさん出て夜遅くまで人出が続き、まさに大阪の祭りらしい熱気が渦巻く。（団田）

十日の本戎に繰り広げられる宝恵籠の行列

◇所在地/大阪市浪速区恵美須西１－６－10
電話06-6643-0150
◇交通/地下鉄御堂筋線大国町駅、堺筋線恵美須町駅徒歩５分。または南海高野線今宮戎駅すぐ
◇時間/９日午前零時～12日早朝

1月11日【粥占神事《かゆうらしんじ》】枚岡神社《ひらおかじんじゃ》

古来の手法により、火鑽杵と火鑽臼で火種を作り手前の杉葉に点火される

一年間の天候と作物の豊凶を占う

じっとしていると足元がジンジンと冷え込む年明けの十一日、午前九時から枚岡神社神饌所内でこの神事は始まる。大きな釜の中に米五升、小豆三升が入れられ、竈《かまど》にかけられる。古式にのっとり、火鑽杵《ひきりぎね》と火鑽臼《ひきりうす》で火種を作り杉葉に点火される。この間約五分。うすく煙が上がったかと思うと一瞬のうちに「ボッ」と炎が上がる。これを竈に移す。

薪で焚かれる釜の中には長さ十五センチの篠竹の占竹五十三本を一束にしたものを吊り下げる。竈の炎が勢いを増すにつれ、煙が天井いっぱいに充満する。粥が煮立ち始めると神職による大祓詞奏上が始まり、この間に、黒樫で作ったこちらも長さ十五センチの占木を十二本、竈に入れてその焦げ具合で一年間の月々の晴雨、強風の有無が占われる。この時、竈は自然にまかせ、人工的に息を吹きかけたりして炎の調節はしない。占木の儀が済み粥が炊きあがると、先に釜の中に入れた占竹の束を引き上げて三方にのせ、神前に奉納する。炊き上がった小豆粥は別に炊かれた「七草粥」とともに参詣者にふるまわれる。

小休憩後、本殿前中門内で宮司によって、占竹が割られ、中に入った粥のつまり具合により、作物の豊凶が占われる。粥占の結果は「おきあげ」ともいわれる占記として印刷され、一月十五日の粥占報賽祭の日に一般に配られる。

江戸時代、粥占は一月十五日の早朝行われ、結果をただちに河内一円から参拝にきた農業に従事する人々に対し、神職が声高に読み上げて知らしていたという。現在は、「おきあげ」を十五日に配布する都合上十一日に繰り上げて行われている。

発表される内容は、豊作・不作はもちろんのこと、米とも ち米・麦・雑穀が、その作物の採れる田・畑の場所、さらには、早稲、中手、奥手などとその収穫できる時期によって区別され、その数五十三種類にも及ぶ。

近頃は、近在の農家が減って占記を受ける人も少なくなったが、このように神事は古来の手法により、今も手を省かず執り行われている。この粥占神事は大阪府の無形文化財に指定されている。

粥占神事は年の暮れ十二月二十五日に行われる注連縄掛神事（古くは一月八日に行われていた）と密接な関係にあった。人々は一月十五日の小正月を迎えるため、七日よりその準備にかかった。家の内外を清め、七草粥を食べて迎春の準備を整えたのである。その翌八日に注連縄掛神事が行われた。新しい注連縄を前に神域の清浄を示し、笑いの呪術力を生かしてよき春を迎え五穀豊穣を願ったのである。

現在、神社における粥占は埼玉県の金鑽《かなさな》神社とここ枚岡神社が儀礼化したものとして、代表的に有名であるが、五十三本の占竹を使用する枚岡神社はその数において最高である。これらの一連の神事が枚岡神社の氏子が、神々とともに新しい年を寿《ことほ》ぐ重要な行事となっている。

この行事が行われる頃、敷地内約三千坪の梅林にはちらほらと早咲きの梅の花が咲き始め、春の訪れを告げる。（中田）

粥のつまり具合により作物の豊凶が占われる

◇所在地/東大阪市出雲井町 7–16
電話0729-81-4177
◇交通/近鉄奈良線枚岡駅すぐ
◇時間/午前 9 時〜

1月14日【どやどや】四天王寺

われ先に階段を駆け上る裸の若者たち

裸の若者たちがお札を奪い合う

紅と白の大きな旗や「五穀豊穣」「学業成満」などの幟《のぼり》を先頭に、紅白の鉢巻きとまわしを締めた東西二組の若者たちが掛け声も勇ましく境内を練り歩く。紅白の集団が〝六時堂〟の前に向き合うと、一段と大きな掛け声を上げながら激しくもみ合いが始まり、その若者たちに、冷水が次々と浴びせられる。

冷水はたちまち湯気となって裸体から立ちのぼり、あたりを白く霞ませる。やがて、お堂の天井から御守札がまかれると、若者たちは階段を勢いよく駆け上り、われ先にお札を奪い合う。

「どやどや」は、元旦から始まる修正会《しゅしょうえ》（その年の繁栄を願って行われる法会）の結願の日に、僧侶たちが二週間祈祷した〝牛王宝印〟という護符を裸の若者たちが奪い合う勇壮な行事で、聖霊会や彼岸会とともに古くから四天王寺の重要な年中行事として知られている。

昔は柳の枝につけた何百本もの牛王宝印を近在の百姓や漁師たちが素裸で奪い合った。そして持ち帰ったこの護符を田畑に立てておくと、悪い虫もつかず豊作になると言い伝えられた。

現在は危険防止と混乱を避けるため、柳の枝付の牛王宝印を紙の御守札に代え、清風学園と四天王寺羽曳丘高校・中学校の生徒たちによって行われている。

また、「どやどや」の名は、若者たちが〝どやどや〟と群がるところから付いたとも、大阪の方言で〝どやどや（どうだ、どうだ）〟といって押し合ったからとか、また、今年の実りを〝どうやどうや〟と神仏に問うたところから出たなどといわれている。

迫力満点の行事で、見物しているだけでこちらも元気が湧いてくるようだ。（林）

天井からお札が撒かれると祭りも最高潮（写真提供沖宏治）

◇所在地/大阪市天王寺区四天王寺1-11-18
電話06-6771-0066
◇交通/地下鉄谷町線四天王寺前夕陽ヶ丘駅徒歩５分
◇時間/午後２時30分～

1月第2日曜【松原市消防出初式】

大阪府下で唯一「松原市消防本部」が伝統的消防出初式を行っている。

この季節特有の寒風の中、一連の式典が進み木やり歌に乗って、向こう鉢巻き法被姿も凛々しい総勢三十六名が登場、「火の見」、「大の字」、「鶯の谷渡り」など数々の梯子乗りの妙技を披露する。息をのむ一瞬、技が決まると静寂を破ってどよめきが湧き、大和川堤防で見守る観衆は拍手喝采して寒さを忘れる。やがて七色の一斉放水が行事に花を添え出初式は無事幕を降ろす。（桑原）

寒空に妙技が冴える

◇所在地/大和川西青少年運動広場
◇交通/近鉄南大阪線河内天美駅徒歩15分
◇時間/午前10時～11時45分
◇問い合わせ先/松原市消防本部
電話 072-332-3102（代表）

1月15日【とんど祭】高浜神社

町のど真ん中の「とんど」

高浜神社付近は商店街だが、少し行くと安威川と神崎川の合流地点があり、上高浜橋がある辺りにはかつて吹田の渡しがあって、賑わったといわれる。この橋は明治九年に架けられ、渡船は衰退していったが、吹田浜・高浜と呼ばれる浜もあった。橋は一時、在郷人は無料だが他所者は有料であったから〝銭取り橋〟ともいわれた。大坂の高麗橋から京都の亀岡を結ぶ旧亀岡街道が通り、池田や富田にひけをとらない造り酒屋（現在のビール会社敷地周辺にいい湧水があった）があり、しろあん（四角）とあずき（円）の太鼓饅頭を売る評判の店などもあり、水陸交通の要衝として栄えた。

次田《すきた》の枕詞である高浜の社名を持つこの神社の岡本光弘・六十二代宮司によれば、境内地一万一千平方メートル、創立はつまびらかでないが悠久の昔、ただし村社であるから国宝などの宝物はない。

十五日の「とんど祭」は午前八時から本殿でお払いの後、左庭に場所を移し、氏子持参の正月に飾った門松やメ縄を檜葉で囲い高く積みあげ、護摩の周りでお祓いの諸行事がある。大峰山修験者姿の面々は、吹田東岩組の約二十名。般若心経を称え、ホラ貝を鳴らし、邪悪を祓う。鉞《まさかり》を振り矢を四方に放つなどのあと、クライマックスはその年の恵方からの点火である。白煙もうもうと立ち上り、境内には楠の巨木があるがその梢より高く煙は舞い上がると、周囲を囲む吹田十一商店街の善男善女、手を合わせ歓声を上げる。炎めらめらと上がれば山伏長柄の柄杓にて水を掛ける。この火にあたると、風邪をひかないといわれる。

山中や原野でとんどを見たことがあるが、このような町のど真ん中でのとんどは少なかろう。（藤嶽）

白煙もうもう諸悪を祓う

◇所在地/吹田市高浜町5-34
電話06-6381-0494
◇交通/JR京都線吹田駅、または阪急京都線相川駅徒歩5分
◇時間/午前8時〜午後2時頃

1月17日【御弓神事】御霊《ごりょう》神社

船場の守神の新年を占う神事

元日の歳旦祭、十五日の左義長《さぎちょう》（とんど）と小豆粥祭に続いて御霊《ごりょう》さんの正月を飾る十七日の御弓神事。ビジネス街の守神だけに、十七日が土、日に当たる場合は、翌月曜日になる。一般に行われている御弓神事は、祓いと一年の豊凶を占って神官が白木の矢を射る新年の儀式だが、御霊さんでは型通りの神事だけでなく、氏子・大阪ガスの弓道部員が古式にのっとって奉射する本格的なもの。

船場ことばの御寮人《ごりょんさん》（商家の若奥さん）と語呂が似ているところから〝御霊さん〟や〝御霊はん〟と親しみ呼ばれている御霊神社。古くから大阪の船場をはじめ愛日《あいじつ》、中之島、土佐堀など旧摂津の国津村郷の産土神として、信仰の中心となってきた浪速《なにわ》の氏神さん。創建は八〇〇年代後半とされ、大阪湾が深く入り込んで芦荻が茂り圓江《つぶらえ》と呼ばれた円形の入江（現在の西区靫《うつぼ》辺り）に祀られた圓神祠《つぶらじんじ》に始まる。その後、豊臣秀吉の大坂（大阪）居城とともに諸大名の崇敬を集め、津和野藩主亀井茲矩《これのり》が邸地を割いて寄進したことから文禄三年（一五九四）現在の船場に鎮座。昭和二十年の空襲で大部分を消失したが、三十二年に社殿が再建された。

当日は、午前十一時から氏子代表らが集まって、本殿で神事が行われ、続いて正午頃から境内に設けられた弓場で奉射が披露される。まず神官が、短い距離から三本の矢を射たあと、古装束に身を固めた男女二人の射手が登場。それぞれ三射して邪気を祓い、この一年の吉兆を占う。

ガスビルの南側、平野町を西に入ってすぐのビジネス街にある神社だけに、昼休みのオフィスマンやOLも見物。矢が的を射ると拍手が起こり、儀式を盛り上げる。約三十分で奉射は終わり、一同本殿に戻って神事を締めくくる。（吉田）

古装束の射手が厳かに弓をひく

◇所在地/大阪市中央区淡路町４－４－３
電話06-6231-5041
◇交通/地下鉄御堂筋線淀屋橋駅、本町駅
徒歩５分
◇時間/午前11時～

1月第3日曜【綱引神事】難波八阪神社

難波に残る郷愁漂う神事

〝難波の綱引ヨイヨイヨイ〟。明治時代、子どもが綱引遊びをする時には、必ずこう掛け声をしたという。「難波の綱引」とは、〝難波の八阪はん〟と呼ばれる「難波八阪神社」の綱引神事のこと。

寛政八年（一七九六）の『摂津名所図会』にも、難波村牛頭天王綱引として、鳥居の前で繰り広げられる綱引と見守る人々の賑わいが描かれ、「毎年正月十四日、産子の人々左右に分別して大綱を争ひ引きて、其勝方其年福を得るといふ」と記されている。古くより一月十四日が祭礼日であったが、平成十年からは、一月の第三日曜日となった。

神事の次第が境内に掲げられている。午前八時より清祓式に続き、綱打ち始め。十一時三十分、完成後氏子たちにより綱引開始。昼食休憩をして、十二時二十分より巡行を開始。難波中から元町にかけて、神社の周囲の道路を「難波の綱引ヨーイヨイ」と掛け声をあげながら進んで行く。神社には十三時三十分に戻ってくる。

縄打ちの作業はマニュアルもなく、年配者から若い世代へと、実際経験することによって受け継がれているようである。寒空の下、焚き火で暖をとりながら、和気あいあいと行われる。大綱完成後の綱引は、昔はその年の福や豊作を占うとされていたが、現在は勝敗へのこだわりはない。時代の流れとともに、綱を引いたり、綱に触れたりすることで、無病息災のご利益があるというようになっていった。氏子に交じり、見学者もあやかろうと綱に触れていく。難波の都会の一角に、ほのぼのとした村祭りの風情が漂い、やがて、綱の巡行が始まる。「難波の綱引ヨーイヨイ」。掛け声が難波の街へ響いていく。（山本）

綱打ちが終り、これから綱引きを

◇所在地/大阪市浪速区元町２−９−19
電話06-6641-1149
◇交通/ＪＲ・地下鉄・近鉄・南海各難波駅徒歩５分〜10分
◇時間/午前８時〜

1月23・24日【初地蔵】蛸地蔵天性寺《たこじぞうてんしょうじ》

天保十年（一八三九）再建の地蔵堂のイメージからかけ離れた巨大なお堂。蛸地蔵の名の起こりには諸説あり、いずれも岸和田城下の危機を蛸が救ったというもの。法師が無数の蛸を引き連れて現れ蛸の毒気で敵を退散させた伝説も。城主の夢枕に立った法師のお告げに従って堀の中から法師の化身の地蔵菩薩を見いだし祀るようになったと伝えられている。蛸の姿が腸に似ていることからいつしか脱腸と諸病平癒の蛸地蔵の名で知られるようになった。かつては初地蔵、毎月二十四日の縁日も参詣者が詰めかけたが、今は八月二十三～四日の千日法会だけが往時の賑わいを偲ばせる。（小森）

参道入り口の「たこちそう」の碑文は池大雅の書という

◇所在地/岸和田市南町43-12
電話0724-22-0773
◇交通/南海本線蛸地蔵駅徒歩８分
◇時間/午前９時～

情報ファイル

●岸和田城の「八陣の庭」は一見の価値あり

建武元年（一三三四）、摂津・河内・和泉の守護となった楠木正成が一族の和田新兵衛高家を代官として城を築かせた。その地は「岸」と呼ばれていたので、和田氏は「岸の和田」と公称し、これが「岸和田」の地名となった。その後、永禄五年（一五六二）に三好氏の武将松浦肥前守が城主となり、城を現在の岸和田城跡に移した。〝蛸地蔵〟のいわれはこの頃のことである。

寛永十七年（一六四〇）、岡部宣勝《のぶかつ》が高槻より岸和田に入城し、千亀利《ちぎり》城と名付けて城郭の修築や石垣を築いた。以来、岡部氏が代々相続し、明治維新に至った。

現在の岸和田城には二の丸・三の丸の石垣と堀が残るが、天守閣は昭和二十九年に鉄筋コンクリートで再建されたもの。また、本丸跡の石組と砂紋が織り成す立体感が美しい「八陣の庭」は、古城の縄張りを室町・桃山時代の様式で造形化したもので、石の配置は諸葛孔明の八陣を、白砂は波静かな泉州の海を表すとか。（林）

1月24・25日【初天神梅花祭（鷽替《うそかえ》神事）】

大阪天満宮

天神さんで「ウソを真《まこと》に替えましょう」

　菅原道真公を祀り、学問の神様として知られる大阪天満宮では、毎月二十五日に月次祭が行われる。これは菅公の誕生が承和十二年（八四五）の六月二十五日、大宰府に左遷されたのが昌泰四年（九〇一）一月の二十五日、亡くなったのが延喜三年（九〇三）の二月二十五日であることなどから、二十五日を「御縁日」と定めたもので、江戸時代以降、参詣者で賑わう「天神参り」の日でもある。大宰府への左遷を命じられた菅公は、自邸を去るにあたって「東風吹かば　匂いおこせよ　梅の花　主なしとて　春な忘れそ」と詠み、この梅が主を慕って大宰府の地まで飛んだ、という。そこで毎年一月二十五日に菅公が愛でた梅の小枝を神饌に添えて供え、その仁徳を敬慕するのが「初天神梅花祭」だ。

　祭りは二十四日午前九時頃の宵宮祭から始まり、両日午後一時からは鷽替神事が行われる。正直の神様でもある天神様に、過去一年間に自分がついた嘘の罪滅ぼしを、梅に縁の深い鷽鳥に託して祈願するこの神事は、江戸期の大坂のはやり唄に「……ほんに　うそがへ　おゝうれし」（三養雑記）とあるほど、今も昔も、庶民に馴染み深いもの。参詣者にまず、鷽鳥の絵が描かれた御守袋が配られ、「ウソを真に替えましょう」との神職の掛け声の下、参詣者はその袋を周囲の人と次々に交換する。最後に手元に残った袋を開けると……？　中から出てきた「木」「銀」「金」の文字に合わせて木製・銀製・金製の鷽鳥と引き換えることができ、一年の幸福に恵まれるという趣向だ。祭りの両日は在阪のプロ野球選手などによる福玉まきや、合格祈願の本殿通り抜け参拝なども。寒風吹く境内は、参詣者の熱気と笑顔に包まれる。（木村）

巫子さんとも交換。金の鷽が当たるかな？

◇所在地/大阪市北区天神橋２−１−８
　電話06-6353-0025
◇交通/ＪＲ東西線大阪天満宮駅または地下鉄谷町線・堺筋線南森町駅徒歩５分
◇時間/両日共に午前９時〜

1月28日【三宝大荒神祭】勝尾寺

勝運の寺として有名なこの寺は、古城を思わせる苔むした石段を上ると歴史を秘めた諸堂が立ち並ぶ。そのなかに、平成の大修理を終えた朱色の本堂がある。

法要は午前十一時頃に本堂入り、十一時半頃三宝祓荒神堂に移って独特のリズムの声明があり、正午頃から本堂前で護摩が焚かれる。

三宝荒神とは仏法僧の三法を守る神で、不浄をきらうところから、かまどの神として台所に祀られるようになった。約千三百年前、最初に荒神を祀った所として賑わう。(小嶋)

整然と本堂入り。期待が静かに高まっていく

◇所在地/箕面市粟生間谷2914-1
電話072-721-7010(代表)
◇交通/北大阪急行千里中央駅からバス勝尾寺1分
◇時間/午前11時～午後1時頃

2月

きさらぎ

如月

2月1〜7日【節分祭】あびこ観音

正式には吾彦山大聖観音寺《あびこさんたいしょうかんのんじ》の「節分厄除大法会」。俗称「あびんこ祭《さん》」。聖徳太子ゆかりの伝説が残るほどの古い寺だが、節分詣については鎌倉時代から盛んだったようだ。現在、一週間の期間中で二〜四日の三日間、護摩木を焚く加持祈祷が行われる。護摩堂内で激しく炎が上がり、祈祷を申し込んだ人たちが列をなしている。名が呼び上げられると一人一人、山伏姿の行者さんの前へ。豆まきはない。地下鉄とJRの駅からはびっしりと露店が約四百店も続く。派手さはないが、地に根ざした雰囲気は感じる。（松田）

護摩堂での加持祈祷を受ける

◇所在地/大阪市住吉区我孫子４－１－20
電話06-6691-3578
◇交通/地下鉄御堂筋線あびこ駅徒歩３分
またはＪＲ阪和線我孫子町駅徒歩
５分
◇時間/護摩祈祷は２～４日の午前９時～
午後10時

2月2日【節分星祭り】帝釈寺

厄除け、招福祈願の火渡り修行

恒例の節分会（星祭り）で、毎年三千人もの参拝者で大賑わいになる。寺の縁起によると六〇〇年代に聖徳太子の創建と伝えられ、太子作の帝釈天を祀り、後に病気平癒の五十六代清和天皇（八五八〜七六）の夢枕に現れた帝釈天のお告げで外院《げいん》の庄に伽藍が造営されたという。そのため厄除けの祈願所として広く知られるようになり、古くから病伏せの秘法、柴灯大護摩供修行《さいとうだいごまくしゅぎょう》も伝わってきた。

星祭りは星供ともいい、人間の生まれ出た年、月、曜日、日それぞれを司る不変の四種類の星と、年ごとに変化する九曜星を供養する祈祷で、年の変わり目の節分にその年の星を祭り一年間の無病息災、家内安全などを祈願するもの。

当日は午前十時半頃から本堂で内護摩が焚かれた後、境内に作られた十メートル四方程の縄張りの道場で大護摩を焚き、十六人の山伏が祈祷。供えられた護摩木を燃やした後、節分会のクライマックスともいうべき火渡りが行われる。

山伏が朗々と般若心経を唱える中、おごそかに問答が交わされ、四方に矢を放ち、ついで山伏が火渡りの儀式を行い、一般参拝者にバトンタッチされる。

寒風の中、素足になって列を作って待つ老若男女の参拝者たち。毎年来ているという老女は慣れた足さばきですいすいと渡り、あるものは夫婦譲り合いながら、若い父親は幼児を抱いて、まだ赤さの見える護摩木の残り火の上を、こわごわ、しかし真剣な面持ちで渡っていく。若者が多いのは意外に思える。

世話係の山伏が、ときどき火をかきならし、火傷せぬよう気配りしている。参拝者は人垣を作って見守っているが、寒さの中にどこか春の気配も感じられる儀式である。(小森)

無病息災を願って日渡りに挑戦する

◇所在地/箕面市粟生外院2丁目
電話0727-29-4028
◇交通/北大阪急行千里中央駅からバス外院の里徒歩7分
◇時間/午前11時～

2月3日【鈴占《すずうらない》神事】蜂田神社

天児屋根命《あめのこやねのみこと》を祀る蜂田神社は通称〝お鈴の宮〟と呼ばれる。社伝によると、約千百年前、この地域を支配していた蜂《はち》田連《たむらじ》が十二の土鈴を作り、その音色の良し悪しで一年の吉凶を占ったのがルーツ。

毎年節分の朝六時、真っ暗な神前で宮司夫妻の手作りの十二の鈴が一月、二月……と順に鳴らされ、占いが終わると鈴は木槌で割られ、境内の鈴塚に奉納される。神事は非公開だが、当日は約二百個の厄除の鈴を求めて、熱心な参拝者が早朝から列を作る。(木村)

木立の中、ひっそりたたずむ蜂田神社

◇所在地/堺市八田寺町524
電話072-271-1355
◇交通/泉北高速鉄道深井駅からバス鈴の宮団地東口徒歩5分
◇時間/午前6時～

縁日の本堂正面（写真提供四天王寺）

年の初めの庚申《かのえさる》の日と前日【天王寺初庚申】

四天王寺庚申堂

秘仏のもと大護摩の炎に願かける

庚申信仰は中国の道教に起源を持つ信仰で平安時代に日本にも伝わり、室町時代から江戸時代にと時代の移りに合わせて庶民の間に盛んになった。近松門左衛門作『心中宵庚申』なども知られている。

四天王寺南大門から〝庚申街道〟と呼ばれる道を南へ三分程行くと、庚申参りで賑わう四天王寺庚申堂がある。延宝八年（一六八〇）発刊の『難波館』に「天王寺の庚申は諸国の本寺なり」と記され、日本の最初の庚申尊出現の地として名高く、昔から京都の八坂（八坂庚申堂）・東京下谷の庚申堂（喜蔵院）とともに日本三庚申の一つとして知られている。

今から千三百年前、大宝元年正月七日の庚申の日、四天王寺の毫範僧都《ごうはんそうず》の前に童子が現れ、「我は帝釈天の使いである。天命により庚申の法を与える」とのお告げを授けたと伝えられる。この童子が庚申堂の本尊・青面《せいめん》金剛童子で、本堂に安置され（秘仏）、左右に四天王を祀る。

青面金剛童子は全身青く、手は四本で、それぞれに股又《さすまた》・棒・一輪・羂索を持ち、頭髪は炎のように燃え上がり頂きにはドクロと大蛇をまとう恐ろしい形相。人の体に巣食う三尸《さんし》という悪い虫から人間を守り、病や災難から救うと信仰される。六十年に一度、一日のみ公開される。次は二〇四〇年。

庚申参りは年に六〜七度、即ち六十日毎の庚申《かのえさる》の日と前日に行われる年中行事。この日、本尊に祈れば必ず一願をかなえられるという。中でも初庚申は最も盛大に行われ、二日目の大護摩焚きは大峰山の修験行者が多数参加、周囲を取り巻く参詣者は炎と煙を受け無病息災を祈る。

また、「山伏問答」などが披露され、その間、参詣者がそれぞれ願いを込めて書いた護摩木を焚く「柴灯《さいとう》大護摩供」が行われる。

境内の一隅には「見ざる・聞かざる・言わざる」の三猿を祀る「三猿堂」があり、「病に勝る（真猿）魔も去る（猿）」として信仰されている木彫の猿のお加持を受ける人たちで行列ができている。

多くの露店も出て賑わうが、庚申参りの独特のものに江戸時代から「北向きこんにゃく」の名で知られたこんにゃく田楽を売る店もある。北を向いて黙って食べると無病息災がかなうという。

なぜ北向きで、また無言なのかは不明だが、こんにゃくは腹中の毒を払うといわれたところから、体に潜む三戸を駆除し、無病息災がかなうという伝説になったのではないかといわれる。

また境内ではないが、東門の前に「庚申昆布」の店がある。四代続く老舗で戦災にも焼けずに残った。庚申参りの客は、酢こんぶを買って帰り、六十枚に切って毎日一枚ずつ食べて暦がわりにする人も多い。

豊臣秀頼によって再興された本堂は第二次世界大戦によって焼失、現在のものは昭和の大阪万博の時、寺院風の休憩所として建てられた「宝輪閣」を移築したもの。（小山美）

護摩焚き前の祈禱（写真提供四天王寺）

◇所在地/大阪市天王寺区堀越町２−15
電話06-6771-0066（四天王寺）
◇交通/ＪＲ大阪環状線天王寺駅徒歩８分、
地下鉄谷町線四天王寺前夕陽ヶ丘
駅徒歩８分
◇時間/１日目（大般若供奉修）午前10時〜
２日目（大護摩供）午後２時頃〜

2月20日【一夜官女祭】野里住吉神社

神社に向かう官女たち

伝説が語る自然と人間の暮らし

祭りは当事者たちにとってはいわゆる「ハレ」の日。だが、祭りの歴史をひもとけば悲しい言い伝えに起因するものも少なくはない。西淀川区の野里、姫里、歌島を氏子とする野里住吉神社の「一夜官女祭」も、愛らしい官女役の少女たちのあどけない仕草に晴れやかな非日常を感じるのだが、実は悲しい人身御供の作法を神事として伝えるものである。

野里住吉神社は足利義満の時代に創建された古社。明治の末までは神社の東側は中津川（新淀川開削で廃川）が流れており、すぐ近くには「野里の渡し」もあった。いわゆるデルタ地帯だから、度重なる川の氾濫にはずっと悩まされてきた地である。その上、疫病に見舞われ、村は「泣き村」と呼ばれるほど辛酸を舐めていた。窮した村人は川を鎮めるために毎年一月二十日（旧暦）の丑三つ時、少女を神に捧げることとした。白羽の矢を放ち、当たった家の娘が生け贄《にえ》になるのである。ある時、通りかかった旅の武士（講談でお馴染みの岩見重太郎という話もある）が生け贄などもってのほかと、自分が唐櫃《からびつ》に入り神社に放置させた。翌朝、武士の姿はなく隣村で傷を負ったヒヒが死んでいた。旅の武士が退治した、ということになっている。

それ以後、一夜官女の風習は廃されることになり、それを祝い、また、それまでに犠牲になった少女の霊を慰めるために始まったのがこの祭りだという。ただ、退治されたのはヒヒではなく大蛇だという話もある。暴れ川の中津川を大蛇とみなした伝説だと言うのである。いずれにしろ、昔の人々の暮らしと信仰を伝える貴重な神事として昭和四十七年、「大阪府記録選択無形民俗文化財」の一つに選択されている。

「一夜官女」は少女が官女の姿で一日だけ神に仕えるから。実際に生け贄になるのは七人の官女のうち、くじで当たった一番官女だけ。神々へのお供えは前日、当矢（矢が当たった家なので「当矢」）の家で氏子総代の男性ばかりで準備される。鯉、鮒《ふな》、鯰《なまず》、大根、豆腐、餅、菜種等々が龍の首に見立てた紅白の細工物と一緒に七つの「お膳」という桶に入れられ、桶の淵には「花」と呼ばれる悪疫を阻止する紅白の棒が立てられる。本来は悲しい供物だったろうが、紅白に飾られた桶は美しく華やかだ。

祭りの日の午後二時、神職を中心に官女たちを迎える行列が神社を出発。迎えの到着を待って当矢の家では官女と両親の「訣別の盃」が交わされる。御神酒と甘辛く炊いた牛蒡が二切れ。官女役の少女たちは神妙にそれらを口にする。それがなんとも愛らしい。そして出発。これまた本来は悲しい出発だったのだろうが、官女や付き添いの母親たちの美しい着物のせいで晴れやかな空気が漂う。

神社に帰着するとご本殿にお膳を供え、官女は神様の真前に坐り、祝詞が奏上され、玉串が奉納されていく。すべてが終わるとお供えで「ごんたくろう汁」という味噌汁が作られ、祭りの関係者に振る舞われる。

少女が生け贄として置かれた場所は本殿裏手の龍の池。今は池はなく、その上に「乙女塚」が建てられている。（西本）

官女役の少女と両親の別れの盃の儀

◇所在地/大阪市西淀川区野里 1-15-12
電話06-6471-0277
◇交通/ＪＲ神戸線塚本駅徒歩10分
◇時間/午後２時～

2月下旬【大阪城の梅】大阪城公園

暖かい陽射しを浴びて賑わう（梅林は入場無料）

春を告げる梅の香り

大阪城の梅林は、外濠東北隅に架かる青屋門を渡ると左手に広がる。一・七ヘクタールの敷地に九十三種、千二百五十本（平成十六年現在）。山峡の山里や内海に面した伝説を秘めてといった話題性や情緒は乏しいが、何よりも大阪の真ん中であるから行きやすいこと、訪れてみると結構見応えがあること、西方に天守閣が見えるところがあるなどの好条件を備えているので、花の頃は大変賑わう。白梅・紅梅・老・若さまざまで「朱鷺《とき》の舞」「幾夜寝覚」など、それぞれに粋なネーミングがしてある。梅の樹の気骨、花の清楚さ気品、つつましやかな澄んだ香りなどは日本人好みだ。

大阪城は別項三月二十五日の「蓮如忌」でも一部触れているように明応五年（一四九六）秋、浄土真宗八世蓮如が水路の要衝と着目して現在の大阪城辺りに坊舎を建てたのが始まり。独特の自治体制による「寺内町」は当時下位に見られていた商人が、仏の前では人間はみな平等であると説かれて自信を持ち、やる気を鼓舞されて勢力を拡大していった。その頃、全国制覇を目指す信長にとって本願寺は邪魔な存在。約半年、攻防を重ねた末、天正八年（一五八〇）陥落した。信長が本能寺で自刃、その後、秀吉は天正十一年（一五八三）天下統一をねらって石山本願寺跡に豪壮な城郭を完成した。その城も秀吉死後十七年、慶長二十年＝元和元年（一六一五）大坂夏の陣で全焼した。徳川幕府が再建したが完成後三十六年で落雷のため消失、現在の天守閣は昭和六年、市民の寄付によって再建されたものだ。

大阪城公園の梅林は昭和四十九年にオープンした。城の周囲にある大阪城公園は総面積一〇六・七ヘクタールあり、アジサイ、サザンカ、アメリカフヨウなどが四季を彩るが、特に西ノ丸庭園の約六百本の桜と二の丸東地区にある梅林は目玉になっている。（藤嶽）

紅、白の梅花が大阪城を彩る

◇所在地/大阪市中央区大阪城１－１
電話06-6941-1144（大阪城公園）
◇交通/地下鉄谷町線・中央線谷町四丁目駅徒歩20分、またはＪＲ大阪環状線大阪城公園駅徒歩15分

2月27日【利休忌】南宗寺

命と引き替えにしてでも長いものには巻かれ……たくはなかったプライド。その生き方の是非はあるものの死して四百有余年、なおもその心を慕う人たちは後を絶たない。

茶の湯を大成させた千利休が時の天下人・豊臣秀吉に抗して切腹させられたのは天正十九年（一五九一）二月二十七日。千家一門の墓のある南宗寺本堂で午前十一時から法要が営まれ、三千家宗匠による茶会が、塔頭寺院で営まれる。お茶席は有料だが、法要もお茶席も誰でも参列できる。和服の女性の多い華やかな法要である。（西本）

境内にある利休の墓

◇所在地/堺市南旅籠町東３－１－２
電話072-231-1654
◇交通/阪堺電軌御陵前駅徒歩５分
◇時間/法要：午前11時～
茶席：午前９時～午後３時

●自由都市「堺」と千利休

室町時代に遣明船の発着港として、また琉球・朝鮮貿易の基地としても繁栄した堺は、十六世紀半ばにポルトガルなどの商船が来航すると、南蛮貿易でも発展した。多数の豪商が出現し、彼らは町の周辺に濠を掘り、木戸を設けて防衛体制を整え、会合《えごう》衆《しゅう》を構成して合議によって自治都市の運営に当たった。

一方、室町・戦国の争乱を逃れて教養人や文化人が来住し、堺は文化の面でも繁栄した。それを支えたのはもちろん豪商たちだ。彼らはその富にものをいわせ、和歌や連歌、能楽などを楽しみ、茶の湯をたしなんだ。なかでも茶の湯は、勃興する武士団との軍需品取引を含む経済活動を絡めて大きく発展した。

納屋衆（貸倉庫業者）の一人で、茶道を大成したことで知られる千利休も、織田信長との連係を強めてその茶頭となり、次の豊臣政権下でも秀吉から三千石を賜り、諸大名と秀吉の仲介役として活躍した。しかし後年、秀吉の怒りにふれて切腹を命ぜられた。その原因として、石田三成派の策謀に敗れたとか、利休の簡素な茶道が豪華を好んだ秀吉と対立したとする説など諸説ある。

利休の孫の千宗旦は、祖父の死を茶の湯に殉じたものと受け止め、侘人の姿勢を貫き、後世の裏・表・武者小路の三千家の基礎を作った。

南旅篭町の南宗寺に千家一門の墓があり、宿院町には利休屋敷跡（現在は椿井戸と石碑のみ）がある。（林）

弥生

3月

やよい

3月の午《うま》の日【稲荷大祭】香具波志《かぐはし》神社

本来、五穀豊穣を祈願する祭典だったが、のち生業の安全と繁栄を祈る祭りとして受け継がれている。本殿では鮒《ふな》や餅などを盛った「特殊神饌《しんせん》」のお供え、神楽舞などが古式通りに行われる。一般参拝者の楽しみはその後の「富行事《とみ》」。祈祷券（三百円）を買って富引きをすると日用品が当たる。午後二時からは湯神楽神事も。露店が出ることもない地味な祭りだが、例年千数百人の人出がある。鎮座千余年を経た同社には、楠木正儀《まさのり》駒つなぎの楠、上田秋成が『雨月物語』を書いた寓居跡などが残る。（松田）

稲荷大祭が行われる香具波志神社

◇所在地/大阪市淀川区加島４－４－20
電話06-6301-6501
◇交通/ＪＲ東西線加島駅徒歩７分
◇時間/午前10時～（約１時間）

情報ファイル

●上田秋成と香具波志神社

香具波志神社の参道に「上田秋成寓居跡・加島鋳銭所跡」の碑が建っている。『雨月物語』で名高い上田秋成は、神社の藤氏の招きで明和八年（一七七一）から安永四年（一七七五）までこの地に住み、文学や国学を講じた。その後、眼病を養うために今の東大阪市（正法寺）に閑居したが、しばしば香具波志神社に参拝したという。六十八歳になった享和元年（一八〇一）に重い疱瘡を患ったが奇跡的に快癒。これを当社の加護によるものであると喜び、「六十あまり八とせの齢つもりつつ立居老せぬ春にあふかな」という歌をはじめ、自分の歳と同じ六十八首の歌を奉納した。

また、加島鋳銭所は神社の北方にあった。ここは後鳥羽院に仕えていた鍛冶工たちが移住し、〝加島の千軒鍛冶〟と呼ばれた地で、江戸時代にも「加島銭座」が置かれ、良質の寛永通宝を鋳造した。香具波志神社の末社・三社神社は加島銭座の守護神が遷されたものとか。（林）

3・4月中旬【十三まいり】太平寺

十三歳になる子どもが智福の授与を祈る

初宮参り、三、五、七歳の祝いに続く子どもの通過儀礼の一つで、十三歳になった三月十三日に、知恵と福徳の仏様である虚空蔵《こくぞう》菩薩にお参りする行事。徳川時代の中頃から、江戸の「七五三」に対して京・大坂（大阪）で盛んになった。

今日の成人式に当たり、男子は元服の祝いも込めて参ったが、女子はこの時初めて本身の着物を作ってもらうなどしてきた。

その日が虚空蔵菩薩の縁日で、新暦の三月十三日と旧暦の四月十三日（およびその前後の日曜日）に太平寺の十三まいりも行われているが、圧倒的に参詣が多いのは四月十三日に近い日曜日。

子どもの多くは着飾った女の子で、昼前後から親に連れられて続々集まり、本堂を埋めつくす。折からの満開の桜とあでやかさを競うようだ。境内では野点も行われ、終日華やいだ雰囲気に包まれる。

子どもたちは本堂に上がって座り、仏様のご加護を願うご祈祷と法話に神妙に頭を下げる。そして自分で使う数珠を初めて買い、「十三智菓」と呼ぶ十三品の菓子を求めるのが儀式の慣わしである。

太平寺は昔、四天王寺の寺域にあったと伝えられる由緒ある寺。開山の頃の物として「天啓甲子《きのえね》」（一六二四）の銘のある中国鐘や江戸初期の旧山門の鬼瓦などが残っている。

虚空蔵菩薩を祀るようになったのは四百年以上前といわれ、戦災前まで虚空蔵堂は谷町筋に面して建っていて、江戸時代から「大坂の虚空蔵さん」「なにわの十三まいり」として知られてきた。（小森）

着飾った子どもたち

◇所在地/大阪市天王寺区夕陽丘1－1
電話06-6779-9133
◇交通/地下鉄谷町線四天王寺前夕陽ヶ丘駅徒歩すぐ
◇時間/正午頃から

3月17～23日【春の彼岸会】四天王寺

平安の昔から続く大阪の春の風物詩

聖《しょう》霊《りょう》会《え》や〝どやどや〟とともに、四天王寺の重要な行事として昔から知られるのが「彼岸会」。その始まりは平安時代にさかのぼり、いわばわが国の彼岸会のルーツといえる。

さしもの広い境内も露店や人出でごった返している。先祖回向のために六時堂や北鐘堂などに列をつくる人、経木流しの亀井堂へ急ぐ人、あるいは所狭しと軒を並べる骨董品や漢方薬、菓子などの露店を覗く人。若い人や外国人の姿も多い。鳴り響く鐘の音や読経の声、立ち込める線香の煙りが境内を包み込んでいる……。毎年変わることのない風景だ。

大阪に春を告げるお彼岸の賑わい

「彼岸」とは、梵語のパーラミター（波羅蜜多）の訳。即ち、迷いや苦しみの多い此の岸から、迷いの無い悟りの世界（彼岸）へ渡ることをいうらしいが、平安時代、「真西に陽が落ちる彼岸の中日に夕陽を拝して阿弥陀仏の西方極楽浄土を観想する」という信仰が起った。この信仰を「日想観」といい、当時近くまで大阪湾が迫り、彼岸の中日に大鳥居の真ん中を通って夕陽が海に沈む四天王寺の西門が、〝彼岸の名所〟として知られるようになり、何万もの人が集まるようになった。そしていつしか「お彼岸には四天王寺へお詣りして先祖を回向する」という風習に発展した。

海は遥か遠くなり、周辺にビルが建ち並ぶ今日でも、石鳥居に落ちる夕陽の風景は昔と変わることはなく、四天王寺の彼岸会に大勢の人が訪れる風習が続いている。（林）

石鳥居の真ん中に落ちる夕陽

◇所在地/大阪市天王寺区四天王寺１-11-18　電話06-6771-0066
◇交通/地下鉄谷町線四天王寺前夕陽ケ丘駅徒歩５分
◇時間/終日

3月18日【かしく祭】法清寺

禁酒・節酒の守り神として知られる法清寺で、北新地の遊女だったという「かしく」にちなんで開かれる祭り。

かしくはおとなしい女性だったが、酒を飲むと人が変わったように乱れ、それが原因で実の兄を殺してしまい、打ち首になった。残した遺言は「酒にみだれる神霊ならん」――そんな言い伝えにより、かしくの墓がある法清寺で、命日に開かれるようになった。上方落語、日本舞踊の奉納が行われるほか、ゆばと油揚げの入った「かしくそば」も振る舞われる。（井上）

かしくの墓のある境内

◇所在地/大阪市北区曾根崎 1－2－19
電話06-6364-8967
◇交通/地下鉄谷町線東梅田駅徒歩５分
◇時間/正午～

3月25日【菜種御供《なたねごくう》大祭】道明寺《どうみょうじ》天満宮

道明寺駅は天満宮参詣者用に設けられた

平安時代、ときの天皇に重用された菅原道真は藤原時平の讒《ざん》訴によって、九州大宰府に左遷される。昌泰四年（九〇一）のことで、その旅の途次、河内の道明寺におばの覚寿尼を訪れた。

文楽や歌舞伎の『菅原伝授手習鑑《すがわらでんじゅてならいかがみ》』でもよく知られている物語で、夜明けを告げる鶏が暗いうちに鳴き、出発の刻《とき》となる。覚寿尼は陰膳《かげぜん》を据えて道真公の無事を祈ったが、延喜三年（九〇三）二月二十五日（旧暦）、ついに配所で亡くなる。その御霊を慰めようと、菜種御供を作ってお供えになったと伝えられる。新暦になおすと三月二十五日になる。

この日神前には菜の花と、クチナシの実で黄色く染めた団子（菜種御供）が供えられ、境内には菜の花で飾った花車が出て、稚児行列もある。そしてお参りの人に菜種御供が授与される。まさに春本番の明るい一日で、河内では昔から「春《はる》事《ごと》」といって農家の休日とされ、人々は連れだって天満宮へお参りし、縁日を楽しんだという。

境内には道真公が好きだった梅が八百本あり、剪定《せんてい》された姿のよい梅林になっている。その中に「片岡孝夫丈　寄贈」と記した紅梅の若木があった。十五代仁左衛門が菅丞相《かんしょうじょう》（菅原道真の役名。大臣の中国風異称）初役の記念樹である。二月二十五日には梅花祭があり、植木市、骨董市をはじめ縁日が賑やかで、お詣りも多い。また、菅公遺品を収めた宝物館も拝観できる。

明治五年、神仏分離令で、寺は道を隔てた地に移された。いまも尼寺で、本尊十一面観世音（国宝）は道真の作と伝えられている。ここでも菜種御供が授けられる。（交野）

境内に揃った稚児と花車

◇所在地/藤井寺市道明寺 1-16-40
電話0729-53-2525
◇交通/近鉄南大阪線道明寺駅徒歩 3 分
◇時間/午前 9 時〜午後 5 時

3月25日【蓮如忌・石山講】大阪城

早春の昼さがり、500年前の蓮如さんを偲んで

明応五年（一四九六）秋、浄土真宗再興の上人といわれる第八代蓮如が現在の大阪城辺りに坊舎を建立した。やがて大坂（石山）本願寺と呼ばれ、布教の拠点として大寺院にと成長し、独特の寺内町（宗教都市）として勢力を張った。大坂（大阪）といえば太閤さん必ずしも間違いではないが、商都大阪の礎を築いたのは蓮如で、「大坂」の文字は蓮如が書いた「御文」が初見である。淀川に面し京・中河内・瀬戸内海にも通ずる交通（水路）の要《かなめ》に着目した蓮如の慧眼は秀逸である。

その蓮如の遺徳を偲んで毎年、難波別院（南御堂）ではこの日の午後一時から門信徒とともに大阪城公園内・蓮如上人名号碑前で読経・御文「大坂建立」の拝読の法要を営んでいる。雨天でもテントを張って行われる。百人ほどの参詣者があり、法要後の簡単な感話を含めて一時間余りで終わる。石山講では毎年法要後、蓮如上人ゆかりの寺院・遺跡などをバスで巡り、夕刻解散。

（藤嶽）

◇所在地/大阪市中央区大阪城公園内・名号碑前。電話06-6251-5825（難波別院教務部）
◇交通/大阪城公園名号碑へはＪＲ大阪環状線森ノ宮駅または大阪城公園徒歩15分（梅林の南隣）
◇時間/午後１時～２時半

●「大坂」から「大阪」になったのは明治時代

大阪は、江戸時代まで「大坂」と書かれた。大阪城も江戸時代は大坂城だったが、前身は本願寺八世法主の蓮如が開いた大坂（石山）本願寺。本願寺は初め京都東山にあったが、寛正六年（一四六五）に比叡山の僧兵や祇園社の神人《じにん》の襲撃で破壊され、蓮如は近江から越前の吉崎（吉崎御坊）に移った。その十年後に京都へ帰り、山科に本願寺を再建したが、さらに勢力を広げるため、法主の座を実如に譲り、摂津・河内・泉州を往来して地方教化に努めた。

やがて明応五年（一四九六）、堺の豪商の協力を得て「摂州東成郡生玉ノ庄内、大坂」（蓮如上人御文）に隠居寺を建立した。これが大坂（石山）本願寺で、「大坂」の地名が初めて出てくるのはこのときである。その名は上町台地北端の傾斜した地勢によるといわれるが、この辺り一帯だけをさす名称にすぎなかったようだ。

今の「大阪」の字は、東京が首都となって政治経済の中心が移り、大坂が著しく衰退したため、坂は「土に返る」で縁起が悪いので、「盛ん・多し」の意味を持つ阜《こざと》偏に代え、阪が使われるようになったという。明治初年の大阪府の公文書には「大坂」「大阪」の両方が用いられ、公印も二通りあったとか。全面的に「大阪府」と書かれるようになったのは明治十年前後のことといわれている。（林）

4月

うづき

卯月

4月第1日曜【蛇祭】八阪神社（高槻）

大蛇に見立てた大縄を担いで練り歩く男衆たち

大蛇に見立てた大縄が主役

わらで編んだ長さ約五十メートル、直径十～三十センチの一本の大縄を蛇に見立て、祭りの主役とする。高槻市の旧・原村地区に伝わる古くからの行事で、村の池に住む大蛇を退治した故事にちなむともいわれる。

大縄には数百束のわらが使われる。村人が総出で三つ編みにして仕上げる。これを長さ約十メートルの丸太棒の中央部に巻き付け、その背に榊を立てる。

祭り本番では、男衆たち約五十人が丸太棒を担ぎ「わっしょい、わっしょい」の掛け声とともに、村中を練り歩く。大蛇は、行ったり来たり揺れたり跳ねたり、文字通り身をくねらせながら進んでいく。

春たけなわの沿道は桜が満開。紅梅、菜の花も咲きそろって、賑やかな一行を待ち受ける。男衆は辻ごとに止まって村人が差し出す酒で気合いを入れ直す。目的地の八阪神社に着く頃には、勢いは最高潮に達する。

境内に入ると大縄が丸太棒から解かれる。並立する二本の松の間に大縄を横に渡し、その下に「蛇の目」の的を垂らす。大蛇退治の矢を射る仕掛けのでき上がりである。

歩射神事は、祭りのもう一つのクライマックス。裃姿の二人の少年が、男衆たちとはうって変わった厳かな仕草で登場する。拝殿前から約三十メートル離れた的に向け、六本ずつの矢を射る。当たり外れでその年の作況を占うとあって、観客席は一矢ごとに大きくどよめく。

八阪神社では、祭りを「綱引神事」と呼ぶ。明治時代以前までは、歩射《ぶしゃ》の後で大縄を下ろし、境内の川をはさんでちぎれるまで引き合ったからだという。綱引こそ絶えたが、祭りに費やされる村人のエネルギーは、昔も今もほとんど変わっていない。（井戸）

少年射手が古式にのっとり、的をねらう歩射神事

◇所在地/高槻市大字原3297
　　電話072-688-0720
◇交通/ＪＲ京都線高槻駅からバス原立石
　　徒歩10分
◇時間/午後１時〜

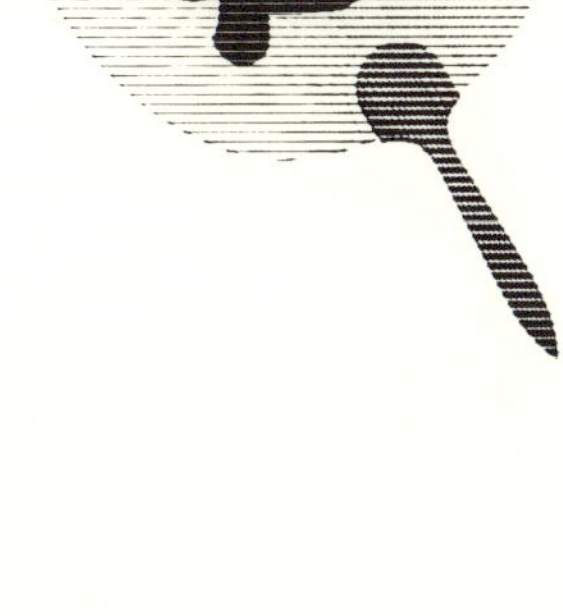

鋤をつけた牛を連れて「代かき」場面

4月13日【お田植神事】杭全《くまた》神社

「やあーえい・あーえん」ユニークな伝統行事

神事は午後二時から第一殿の祇園社（本社）で行われる。運営は時代の変遷とともに今は「平野の町づくりを考える会」が中心の「御田植神事保存会」の人たちが奉納するが、地元の人々に「あーえん」と呼ばれて親しまれた伝統的祭りの「豊作祈願の予祝行事」の精神を引き継いでいる。

神事順は翁の面をつけた水色狩衣姿のシテによって進められる。①参進、②祝詞、③鍬初め、④唐鋤、⑤太郎坊、⑥田植で、それぞれの役柄が登場する。田植神事の形式は、室内で農耕の様子を演じるものと、実際に田植をするものがあり、杭全神社は前者で、具体的には拝殿を「田」として、畦切り、牛による田鋤き、田均し、畝つくり、水口つくり、籾《もみ》種《だね》巻き、田植（松葉を苗に見立てて）をする。また、「太郎坊」という子どもの人形にご飯を食べさせ、放尿させるというユニークな演技を盛り込んでいる。

特に面白いのは、演者と観客の掛け声である。演者が鍬を振り上げて「やあーえい」と言うと観客は「あーえん」と返す。そして観客が「あー」と言えば、演者は「えん」と言って鍬を降ろす。その一体感は微笑ましくて楽しい。

ここの田植神事の始まりは、平安時代の一一九〇年頃に第三殿（証城殿《しょうじょうでん》・国宝）を祀る時だと伝わり、翁の面の口に稲籾があったのがきっかけともいわれる。見物していて、まかれた籾が口に入ると「吉」だそうだ。

演じられる「翁舞」は、山の神が春になると田の神となり、里に来て稲田を守り育てると、秋には再び山に帰っていく様子を演じたもので、この猿楽を基本にした所作は全国でも珍しく、大阪府無形民俗文化財に指定されている。

一一九〇年頃は熊野信仰が流行った時で、第三殿を勧請建立し、熊野詣の要衝の地であったことがわかる。（藤江）

翁の面のシテの稲籾まき

◇所在地/大阪市平野区平野宮町２−１−67
電話06-6791-0208
◇交通/ＪＲ大和路線平野駅徒歩７分、または地下鉄谷町線平野駅徒歩25分
◇時間/午後２時〜

ぶらり探訪

●中世から現代までの風景に出会える町・平野

杭全神社が鎮座する平野は、平安時代に征夷大将軍として有名な坂上田村麻呂の子広野麻呂が所領した地で、地名も広野麻呂の〝広野〟が転訛して「平野」になったといわれる。広野麻呂の子孫の七つの分家（坂上七名《しちみょう》家《け》）が開拓、中世には平野荘と称したが、摂津・河内・和泉の交通の要衝にあたり、しばしば戦禍に巻き込まれたため、町の周囲に濠と土居を巡らし、十三の出入口には木戸を構え、七名家が惣年寄として町政に当たった。また近世には、大和川の付け替えによって周辺は綿生産が発展、その集散地としてますます繁栄した。

第二次大戦の戦火に遭わなかった平野は、今も随所に環濠跡や町の加護を願って各木戸に設けられた地蔵堂が残り、また昔のままの町割りの中に由緒のある社寺や豪農屋敷、町屋が点在し、往時の面影を偲ぶことができる。町屋や新聞舗、和菓子屋など個人の家や商店を無料開放した「ミニ博物館」を見て歩くのも楽しい（基本的に第四日曜日に公開）。（林）

4月13日【花摘祭《はなつみまつり》】 大鳥神社

古式ゆかしい平安絵巻風女性のお祭り

日本武尊《やまとたけるのみこと》が死去し白鳥となって飛び立った時、最後に留まった地なので社を建立したのが起源という「大鳥さん」の、毎年四月十三日に行われる四月唯一の恒例祭で、子どもたちが元気に健やかに成長することを願って平安時代に始まった華やかな伝統をもつ祭りである。

花摘女たちが野に咲く花を神前に供えたのが起源

午後一時、平安時代から伝わるという装束をまとった花摘み女《め》と母や祖母に手を引かれたかわいいお稚児さんたちの行列が、JR鳳駅近くの南町会館前をスタートし、鳳商店街では店の人や見物客のケータイやカメラのフラッシュを浴びながら、「大鳥さん」までを練り歩くミニ平安絵巻。

到着して間もなく午後二時から、花摘み女は仕丁《しちょう》拝戴式《はいたいしき》に臨み、生演奏の雅楽が流れる中、摘んだ野の花を神殿に供える。これらの儀式は境内の参拝者の前で行われる。

午後三時、神輿《みこし》行列は、トラックに載せた神輿で大社を出て、大鳥北浜神社や大鳥浜神社などを巡り、午後六時からの本社還幸祭で伝統の行事は幕を閉じる。（三浦）

鳳商店街から大鳥さんまで歩く稚児行列

◇所在地/堺市鳳北町一丁一番地
電話072-262-0040
◇交通/ＪＲ阪和線鳳駅徒歩10分
◇時間/午後１時～

4月16日【古式大的神事】石切劔箭《つるぎや》神社

俗に「デンボ（腫物）の神さん」「石切さん」と親しまれる庶民信仰のメッカ、石切劔箭神社の春季大祭（四月十四日～十六日）の最終日に行われる古式ゆかしい祭り。

石切劔箭神社が強固な岩をもやすやすと切り、刺し貫くという霊力を伝える剣と箭（矢）がご神体であることに由来し、境内で、正装をまとった大阪府弓道連盟の人たちが、礼拝した後、古式にのっとり、三十三間（約六十メートル）先の大的を射る神事を行う。凛とした空気の中、弓を打つ鋭い音が境内に流れる。（井上）

大阪府弓道連盟により奉納される

◇所在地/東大阪市東石切町1－1－1
電話0729-82-3621
◇交通/近鉄東大阪線新石切駅徒歩7分、
または近鉄奈良線石切駅徒歩15分
◇時間/午後1時～

4月18日【包丁式】総持寺《そうじじ》

包丁道の元祖、藤原山蔭《やまかげ》の像が見守る

魚にはまったく手を触れないで包丁と真魚箸《まなばし》だけで調理する技術を包丁道という。平安初期の公卿・四条中納言藤原山蔭が、それまでの宮中料理の諸作法を整えて完成、「四条流包丁式」と名付けた。山蔭は包丁を初めて作ったといわれ、その山蔭を崇敬する包丁式の流派が山蔭流である。

総持寺の包丁式は、山蔭の命日である四月十八日に同流派の調理師によって毎年行われる。はじめに住職、そして主人公である包丁士や後見役が本堂に参拝。その後、開山堂で包丁式が始まる。総持寺の開山は藤原山蔭。『今昔物語』などにある〝亀の恩返し〟伝承では、山蔭は亀に命を助けられたという。その由来をもってここに、亀に乗った千手観世音菩薩を祀り創建しようとした。菩薩像が彫り作られる千日間、山蔭は料理を作り供え、その過程で包丁式が完成した。

だから開山堂の山蔭像の前で、千余年経た今も古式通りに行われるわけだ。像の左右の柱には「日本包丁道元祖山蔭中納言御像」「山蔭流包丁道式包丁道場」とある。

雅楽が奏でられる中、まな板上には大きな鯛が横たわる。烏帽子、直衣姿の包丁士と後見二人が登場。右手に包丁、左手に真魚箸を持ち、ゆっくりとした動作でまったく手で魚に触れることなく進む。同様にして二人目は鯉。見事に切りさばかれ、形が決まると見ている人たちから拍手が起こる。固唾を飲んでじっと見入っていた人たちも感動の面持ちだ。

この包丁式の前後、四月十五～二十一日の一週間は「本尊御開扉西国御砂踏法要」が行われており、参拝と兼ねて見学する人も多い。（松田）

元祖、藤原山蔭像の前で行われる包丁式

◇所在地/茨木市総持寺1－6－1
電話072-622-3209
◇交通/阪急京都線総持寺駅徒歩5分
◇時間/正午～（約1時間）

4月中～下旬【桜の通り抜け】造幣局

大川の両岸を埋め尽くす満開の桜。「桜ノ宮」を遊覧船から眺める風流も

大川沿いに展開する浪花の春の風物詩

普段はひっそり静まりかえっている旧淀川沿いの造幣局構内は、四月中旬の一週間だけ花と人波に埋め尽くされる。浪花《なにわ》の風物詩・桜の通り抜けである。この辺り、大阪市北区天満の旧淀川一帯は昔から景勝の地として名高いが、特に春の桜は有名で、対岸を桜ノ宮と呼ぶほどに見事だった。

江戸時代、造幣局北の泉布観北側の旧藤堂藩蔵屋敷で当時から里桜を育成しており、造幣局は敷地とともにその桜も受け継ぎ現在の構内に移植したといわれている。そうした中、明治十六年、当時の遠藤謹助造幣局長の「局員だけの花見ではもったいない。市民とともに楽しもう」の提案で一般客の花見のために通り抜けがスタート、満開直前から一週間だけ開放されてきた。華やか、のどかな桜の通り抜けだが、歴史とともに幾多の苦難もくぐり抜けた。第二次世界大戦下、昭和十七年には通り抜け開催期間中に中止され、また同二十年六月の大空襲では約五百本の桜のうち三百本が焼失するなど大きなダメージを受けた。復活に大きな努力が払われ、同二十六年には夜間開放しての夜桜も始まって現在に至る。

通り抜け区間は当初は南門から裏門（源八橋西詰め）まで約一キロだった。現在は南門から北門までの全長五百六十メートルに短縮されているが最初から一方通行。桜の品種、本数は年とともに変化しているが、平成十七年現在では、関山《かんざん》、普賢象《ふげんぞう》、松月《しょうげつ》、紅手鞠《べにてまり》、芝山《しばやま》、黄桜《きざくら》、楊貴妃《ようきひ》など百二十二品種、三百六十七本。大半が遅咲きの八重桜で、特に紅手鞠、大手鞠、小手鞠、養老桜などは他では見られない珍種といわれている。

毎年「今年の花」を選定して観客を楽しませている。ちなみに平成十七年の花は「紅華《こうか》」、十六年「御衣黄《ぎょいこう》」、十五年「関山」、十四年「蘭蘭《らんらん》」。開催時期は桜の開花状況によって異なり、毎年、直前に広報される。（小森）

造幣局の構内を桜に包まれて歩く。多彩な色や形の桜に驚きの声が聞こえる

◇所在地/大阪市北区天満 1－1－79
電話06-6351-5361
◇交通/地下鉄谷町線天満橋駅徒歩 5 分
◇時間/午前10時～午後 9 時
土・日曜は午前 9 時～午後 9 時

4月22日【聖霊会《しょうりょうえ》舞楽《ぶがく》大法要】四天王寺

古代から守り継がれてきた舞楽。平和を祈願する「太平楽」の舞（写真提供沖宏治）

千古の昔から守り継がれてきた文化遺産

聖徳太子の命日（旧暦二月二十二日）に、境内六時堂前の亀の池に架かる石舞台を中心に行われる四天王寺の行事の中でも最も重要で大規模な行事で、太子の霊を慰める法要と古式ゆたかな舞楽が奉納される。明治までは旧暦の二月二十二日に行われ、「寒さの終《はて》も聖霊会《おしょうらい》」といわれて「おしょうらい」は季語の役割も果たしていたが、現在では毎年四月二十二日に催されている。また、時間も昔は早朝から夜遅くまで行われたが、現在では午後一時から夕刻六時頃までと縮小されている。

普段は鳩が遊ぶほのぼのとした風景を醸し出している亀の池の石舞台に、この日は高欄が組まれ、四隅に華やかな真紅の大きな球形の飾りが立てられている。仏花の曼珠沙華《まんじゅしゃげ》を模したもので、球の直径は二メートル、竹で編んだ芯に紅の和紙を花びら形に打ち抜いたものが周囲一面に貼り付けられている。聞くところによると、数人の職員が約一カ月をかけて手仕事で作り上げるという。昔、住吉浜の住民たちがこの飾りの花に貝と海藻をつけたところから俗に「貝の花」とも呼ばれ、今も芯棒が海松《みる》色で彩色されているのは、海藻を巻きつけた当時の名残りといわれる。また、花に薄い木の板で造った黒い鳥が飛んでいるように吊り下げられているのは、春の到来を告げる燕を表したものという。

そして石舞台の南側の左右に並ぶ二つの楽舎の前には、それぞれ鳳凰と双竜を浮彫し、周囲に火焔を巡らせた二基の大きな火焔太鼓も据えられている。鼓面が直径二メートル四八センチある日本一の大太鼓だ。六時堂内には、聖徳太子が井戸に写る自分の姿を楊枝で描いたという伝承が残る〝聖徳太子摂政像（楊枝御影）〟が安置されている。

やがて本坊から出発した舞楽法要に出仕する僧侶・楽人などの行列が到着し、石舞台と六時堂で、唄《ばい》・散華《さんげ》・梵音《ぼんのん》・錫杖《しゃくじょう》の声明《しょうみょう》を唱える「四箇《しか》法要」と呼ばれる法要と、古式ゆたかな舞楽が交互に行われる。

舞楽は、百済から伝えられた〝伎楽《ぎがく》〟という、仮面をかぶった舞人が笛や打楽器の伴奏にのって演じる芸能を、太子が「法要を行う時には必ず演じることにしよう」と言われたのに始まると伝え、太子の右腕として活躍した秦河勝《はたのかわかつ》を祖と仰ぐ林・東儀《とうぎ》・薗・岡の四氏がこの地に居住し、太子の霊前に奏してきたといわれる。平安時代中期に渡来の系統によって左方《さほう》舞と右方《うほう》舞に整理統合され、左方舞にはインド・中央アジア・中国などの楽を中心とする唐楽《とうがく》、右方舞には朝鮮・満州の高麗楽《こまがく》がある。左方が紅・赤、右方は緑・青の装束を着けているので、どちらの舞か一目でわかる。

この法要と舞楽が渾然一体となって繰り広げられる聖霊会舞楽大法要は、古《いにしえ》からの行事を今に伝える貴重な文化遺産として、国の重要無形民俗文化財に指定されている。

「天王寺舞楽のみ都に恥ぢず」――鎌倉末期の歌人・吉田兼好が『徒然草』のなかで驚嘆した、そのゆったりと優雅な所作の一大絵巻を見ていると、千四百年の古にタイムトリップしたような感を覚える。（林）

独特な面をつけて舞う「蘇利古《そりこ》」の舞

◇所在地/大阪市天王寺区四天王寺1-11-18
電話06-6771-0066
◇交通/地下鉄谷町線四天王寺前夕陽ヶ丘駅徒歩5分
◇時間/午後0時30分～6時頃まで

4月下旬【狭山池まつり】狭山池

古事記・日本書紀にも記される日本最古の人工池「狭山池」を中心に催される市民手づくりの祭り。昼の部はクラシックカーのパレードやマーチングバンド、龍神舞台などが催され、地場産の野菜の直売市や模擬店、狭山池博物館での講演会など盛りだくさんだ。

目玉は夜の部の「灯火輪《とうかりん》」。参加者が持ち寄った手づくり灯火台が、周囲二・八キロの狭山池に並べられ、幻想的な光景を創出する。古代の池に映える灯火輪の光に、いつしか身も心も優しく解きほぐされていく思いがした。（林）

狭山池を彩る灯火輪

◇所在地/大阪狭山市狭山池堤
電話072-365-3194（大阪狭山市商工会内・狭山池まつり実行委員会事務局）
◇交通/南海高野線狭山駅徒歩10分
◇時間/午前10時～午後９時

情報ファイル

●狭山池と行基

狭山池は、日本最古のため池だ。日本書紀では崇神天皇が南河内平野の水利のために造らせたと記されるが、東樋《ひがしひ》の年輪年代測定結果から、七世紀前半に造られたことがわかった。天平宝字年間（七五七～七六五）に堤防が決壊し、僧行基が修理したといわれる。

行基は河内国大鳥郡の人で、民衆教化・社会事業に従事し、四十九院の創設や布施屋（運脚や役民などの往還のために交通の要衝に設けられた宿泊施設）の設置、池溝橋の開発などに活躍し、行基菩薩と崇められた。

狭山池堤に建つ「大阪府立狭山池博物館」には、飛鳥時代の堤の断面や東樋、行基の活躍した奈良時代の改修に関する情報、江戸時代の東樋など、狭山池の豊富な歴史情報が展示されている。また、堺市家原寺町の「家原寺」は、慶雲年間（七〇四～七〇八）に行基が生家を寺にしたものと伝える。本尊は文殊菩薩で、俗に〝家原文殊〟と呼ばれ、入試祈願が多い。境内は府史跡。（林）

5月

さつき

5月1～5日【万部法要】大念佛寺

大念佛寺の本堂

伝統法要と現代音楽とのコラボレーション

融通念佛宗の総本山である大念佛寺で毎年五月一日から五日まで行われる法要である。阿弥陀経を一万部読誦し、極楽浄土をこの世にうつし出して菩薩練供養の盛儀が繰り広げられる。この五日間、連日さまざまな法要やイベントが行われており、楽しむことができる。平成十四年には大阪市の無形民俗文化財に指定されている。

融通念佛宗は、平安時代後半に京都大原の天台僧、良忍によって開かれた。大治二年（一一二七）、摂津の平野に建てた大念佛寺を本山とする。良忍の死後、衰退して大念佛寺も壊廃してしまった。そこに鎌倉時代末期に法明《ほうみょう》が現れ、元亨元年（一三二一）に大念佛寺第七世となり復興させた。

ひっそりとした下町にあるお寺ではあるが、一歩境内に足を踏み入れるとその大きさに驚かされる。門をくぐると正面にりっぱな本堂がある。屋根の曲線が美しく五月晴れの空によく映える。木造建築としてこの本堂は大阪府内最大級の建物である。また、広々とした緑豊かな境内は都会にいることを忘れさせてくれる。

「お練り供養」は、法要の中でもよく知られている。これは極楽往生に際しての来迎の場を描く宗教劇である。大きな本堂の周りに特設の廊下が設けられており、ここを鉦と太鼓の音を先頭に菩薩の面と衣装をつけた僧侶が演じるとともに各地の信者が練り歩いて本堂に向かい、菩薩が仏前で献花することで現世から極楽へ向かう様子を体現する華麗で壮厳な儀式である。

従来、お練り供養に登場するのは十菩薩であった。ただ五十年に一度だけ二十五菩薩になる。しかし、平成十六年から毎年二十五菩薩となった。大念佛寺の特色としては、菩薩を在家の方ではなく僧侶が演じることで、本堂内で行われる献花の儀式などの動きがより優雅で壮厳であると言われており、菩薩が増えたことでさらに華やかさが加わった。

五日間行われる法要であるが、実にさまざまな催しが用意されている。法要というよりまさにイベントである。三日目の「万部おねり声明《しょうみょう》コラボレーションの集い」は圧巻である。仏教儀式で僧侶の唱える声楽を声明という。また、お経の一語ごとにつけられて節回しが長く引き伸ばされたような声明曲を引声《いんぜい》と呼ぶ。本堂で十人ほどの僧侶が般若心経を唱える。心揺さぶられる声明に、シンセサイザーの音が加わってくる。現代の機械的な音と、僧の引声が見事に重なり合う。さらにその音にあわせて文楽人形が登場する。宗教と音楽、日本伝統の文楽の融合である。

心落ち着く不思議な世界がそこにはあった。これに津軽三味線と狂言も披露され、見事な「コラボレーション」であった。

このほか、「楽役の雅のハーモニー」や歌謡ショーなど五日間飽きさせることがない。この法要は楽しく表現されており、普段の生活の中で、仏教を考えることのない人でも何か身近に感じ取れるものになっている。（原田）

万部お練り声明コラボレーションの集い

◇所在地/大阪市平野区平野上1－7－26
電話06-6791-0026
◇交通/ＪＲ大和路線平野駅徒歩５分、地下鉄谷町線平野駅徒歩８分
◇時間/午前10時～

5月1～10日【のざきまいり】野崎観音・慈眼寺

昔も今も変わらぬ参道の賑わい

元禄時代から続く庶民のお祭り

参道も境内も賑やかなこと ♬野崎まいりは屋形船でまいろ どこを向いても菜の花ざかり――♬ 東海林太郎のヒット曲「野崎小唄」が参道のスピーカーから絶え間無く参詣者の頭上に降り注ぐ。元は昭和九年、当時の住職らが作ったPRソングだったという。

駅から山門まで五百メートルほどの参道両側には露店がぎっしりと並び大変な賑わいだ。のざきまいりの期間中、境内では大道芸、コンサート、落語会などが奉納される。

昔、参詣者は天満の八軒家から屋形船に乗り、寝屋川を溯ったあと徳庵で田舟に乗りかえ観音浜で下船、菜の花畑の中をのんびり歩いて参詣した。使われた田舟や肥え舟は地元の農家のもので、この期間、きれいに洗ったあと茣蓙《ござ》を敷いて客を乗せたという。明治二十八年、国鉄片町線の開通とともに舟での参詣は廃れ、現在はJR学研都市線・野崎駅南の公園水路脇に観音浜の碑を残すだけとなった。菜の花畑があったと思われる辺りも開発され住宅地になっている。

野崎観音として親しまれる慈眼寺は、天平時代、僧行基によって開山された。本尊の十一面観音像は奈良・長谷寺の観音像と同木（慈眼寺「光割牒」による）で行基によって刻まれたと伝えられる。

永禄八年（一五六五）三好・松永の兵火によって堂塔は全焼、本尊だけが奇跡的に災禍を免れた。そのまま数十年、廃寺に近かったが、元和二年（一六一六）、青巌和尚が再興、元禄時代（一六八八〜一七〇四）に入ると野崎参《のざきまい》り（正確には無縁経法要）が盛んになる。その後書院など堂宇は次々復興されたが、昭和二十六年の台風、四十七年の洪水などでまたもや大きな被害を蒙った。

本堂は、昭和二十五年に日下大龍寺観音堂を譲り受けて移築したもの。軒下には子宝に恵まれお礼参りに奉納されたお守りの張り子の犬がぎっしりとつり下げられている。

本堂右横の江口の君堂は、西行と歌を詠みかわした遊女・妙が出家し名を改めた光相比丘尼を祀る。能「江口」で知られ、また『摂津名所図会』には軒先で雨を避ける西行と座敷で琵琶を持つ妙が描かれ、『西行撰集抄』には「あるじの尼の時雨もりけるをわびて」板を持って走り回っている様子が記されている。

お参りすると婦人病、子授けに御利益があると信じられ、江口の君の命日にあたる毎月十四日は参詣者が多い。

野崎観音は芸能に大きな関わりを持つ。

急な石段を上がり右手の山門をくぐると正面奥にお染久松の塚。近松半二の「新版歌祭文　野崎村の段」で識られる。

宝永七年（一七一〇）正月六日、油屋の娘お染と丁稚久松の心中事件があり、これをテーマに「袂の白絞」「染紋様妹背門松」などが創作されたが、十数年後に竹本座で舞台に上げられた「新版歌祭文」が圧倒的な人気を得た。塚の横にその一節が刻まれた石板がある。

また、近松門左衛門「女殺油地獄」は遊女小菊が客と野崎参りをしたのが事件の発端。享保六年（一七二一）、大阪竹本座で初演された。

上方落語「野崎参り」は桂春団治の十八番《おはこ》芸。土手の上を歩いて参詣する人たちと舟で詣でる人たちの掛け合いが面白い。上と下で口喧嘩しながら道中を楽しむ風習があったといわれている。

最もよく知られているのが東海林太郎の「野崎小唄」だろう。昭和十年に大ヒット、今に歌い継がれている。（河瀬）

◇所在地/大東市野崎２−７−１
電話072-876-2324
◇交通/ＪＲ学研都市線野崎駅徒歩10分
◇時間/午前８時頃〜

5月最初の卯の日【卯之葉《うのは》神事】住吉大社

古代のロマン漂う花祭り

大阪を代表する古社。初詣。太鼓橋。大方の持つイメージは、こんなところであろうか。「住吉さん」として親しまれている。車の行き交う表通りから境内に一歩足を入れると、緑に包まれた別天地が広がっている。

神功皇后は新羅へ出兵して凱旋し、住吉の地に鎮座したと伝えられる。時に皇后摂政十一年卯月卯《う》の日。これにちなんで、毎年五月最初の「卯の日」に、卯之葉神事が行われる。現在では住吉大社の創立記念日に定められ、開催はその年によって多少変わり、平成十六年は五月十二日に行われた。

清々しい小さな花の開いた卯（「うつぎ」とも言う）が、社殿や五所御前に飾られている。鷺が杉の木に止まったのを見て、神功皇后の思《おぼ》し召しにかない、この地に鎮座された。その神聖な場所を五所御前という。まさに古代ロマンの漂う花祭りである。からりとした五月晴れのもとで、神事は粛々と挙行される。神官と神楽女の一行約十人が、社殿（第一本宮）に出仕して卯の花を捧げ、厳かな雅楽の流れる中で、舞いを奉納する。社殿前に設けられた椅子席に大社の関係者らが着座して、観光客を含めて総勢約二、三百人が見守る。一時間ほどで行事が終わり、社殿近くの石舞台（重要文化財）に移って、お祭りはいよいよ最高潮へ――。

石舞台は二十畳ほどの広さで、朱塗りの欄干で囲われている。天王寺楽所に所属する舞人によって、「振鉾《えんぶ》」、「承和《しょうわ》楽《らく》」などが、約一時間にわたり古式ゆかしく奉納される。総勢約十人。太鼓や笙《しょう》の音がうっそうとした森にこだまする中で、あでやかな装束姿がきりりと舞い、花の簪《かんざし》が揺れて、清浄の気がみなぎっている。近くの花園では、卯の花が可憐な白い姿をみせ、五月から六月が見頃を迎える。（栫）

雅楽の優雅な響きが青葉にこだまして

◇所在地/大阪市住吉区住吉２−９−89
電話06−6672−0753
◇交通/南海本線住吉大社駅徒歩３分、同高野線住吉東駅徒歩５分
◇時間/午後１時〜

5月3・4日　10月第2日・祝日（体育の日）
【老松古美術祭】　老松通り一帯

五十軒ほどの画廊や古美術商が南北二つの通りに店を構えている。洋画、日本画、古陶磁器、古美術品など専門店があり、ひやかしながらのぶらぶら歩きにちょうど良い。陶器類では一枚百円から、などという掘り出し物にも出合える。

梅新東交差点の一筋南と二筋目を東へ入ると老松通り古美術街だ。天満宮の参道の一つで、今も御堂筋の角に道しるべが残る。（河瀬）

（五月の日程はその年によって変更もあり）

思わぬ掘り出し物もある

◇所在地/大阪市北区西天満４－１
電話06-6364-8318（老松古美術祭事務局/古憩）
◇交通/ＪＲ大阪駅徒歩15分
◇時間/午前10時～午後６時

5月3～5日【中之島まつり】中之島公園一帯

昭和四十八年、中之島公園一帯の景観保存を目的に、市民手づくりのお祭りが始まった。「文化の市民運動」「手づくり・輪づくり・まちづくり」をテーマにさまざまな人、企業が参加、現代のお祭り風景としてすっかり定着した。

四千本の花々が競う薔薇園、中央公会堂（重文）、東洋陶磁美術館、府立中之島図書館（重文）などコンサートやリサイクルショップ、露店めぐりの合間に楽しめるところが多く、あっという間に一日が過ぎてしまう。（河瀬）

マーチングバンドも参加して賑やかに

◇所在地/大阪市北区中之島公園一帯
電話06-6367-6272（中之島まつり実行委員会）
◇交通/地下鉄御堂筋線淀屋橋駅徒歩５分
◇時間/午前10時～午後４時

5月5日【まくら祭り】日根神社

一番幟が境内に…

華麗で勇壮なお祭り

泉州の祭りは、泉佐野市、日根神社の「まくら祭り」から始まる。まくら祭りの呼び物は、その名のとおり美しく飾られたまくらである。色とりどりの反物で作られ、まくらの両端には、これまた彩色豊かな飾りが付けられ、五メートルほどの青竹に取り付けられる。砂を入れた俵を、飾りまくらの下に付け、肩と呼ばれる太い竹を横に、天取りと呼ばれる竹を二本、ロープ、鈴、へこ帯び、などが、一つの幟《のぼり》に取り付けられる。この幟が三本、一番、二番、三番と名付けられ、五月の四日、五日、町内を練り歩くのである。四日は宵宮、五日が本宮。

宵宮の日、幟の受け持ちになった地区では、広場の中央に置かれた幟が出番を待っている。いよいよ祭りの当日、朝早くから町内の人々が集会場所に集まり、まず町内を回り、その後、日根神社へと向かう。その折り、五社音頭が唄われる。「ヤレナーエ、めでためでたわよ、ヨイヤセ、三つ重なりて、末は鶴亀、五葉の松……ヨーリヤヤートコセーヨーイヤーナアー」といずれ劣らぬのど自慢が、朗々と唄いあげる。この五社音頭、もともとは伊勢音頭の祝い唄でヤレナイ節と呼ばれていたそうだが、日根神社が、和泉五社の一つであることから、五社音頭と呼ばれるようになったのだそうな。ちなみに、和泉五社とは、日根、大鳥、泉穴師、聖、積川を総している。

五月五日の本宮では、宮入して来た幟は、拝殿前で、各地区ごとに、この五社音頭の後、まくら幟を練り回すのだがこれが、かなりの見せ場。一見女性的で華やかな幟が、竜のごとく、身体をそらせ、立ち上がり、ぐるぐる回る様子は、引き手、担ぎ手、全員男性だから当たり前とはいえ、荒荒しく、勇壮である。境内で打ち鳴らされる大太鼓が、その雰囲気を、よりいっそう盛りあげている。

神事の後、まくら幟は、長滝の御旅所まで、道すがら、酒肴の接待を受けながら向かう。江戸時代の境内地図を見ると、岡本の船岡山までの渡御だったことがわかる。昭和三十四年から現在のコースになった。渡御の行列は、前から順に、日根神社の社旗、榊持ち、前賽銭、鉾太刀、弓、矢、獅子頭、天狗面、太鼓、神輿《みこし》、後賽銭、そして、三基のまくら幟が、五社音頭とともに続いていく。御旅所では、神輿、まくら幟が並び、再び神事が、執り行われるのである。昼食の後、一行は、日根神社へと還御し、祭りは終わる。泉佐野の、日根野、上之郷、長滝を中心の、煌びやかで、元気の出る祭りである。

そもそもは、娘の良縁や、新妻の安産を願い、奉納された枕が、現在のような祭りに変わっていったのがいつ頃なのか、正確なことは定かではないが、戦国時代の一五〇〇年頃、この地に滞在した九条政基《まさもと》の日記『政基公旅引付』には、大井関神社での祭りのことが記されている。大井関とは、傍を流れる樫井川の守り神としての日根神社の別称である。（小山乃）

色彩やかな飾り

◇所在地/泉佐野市日根野631-1
電話0724-67-1162（田中育代宮司）
◇交通/ＪＲ阪和線日根野駅徒歩30分
◇時間/本宮　午前９時～

5月8日【おん田】八坂神社（能勢）

山村の厳しい自然に豊作を祈る

美しい棚田で知られる能勢の長谷。標高四百メートルの通称宮山の山腹にある八坂神社（牛頭天王《ごずてんのう》社）で毎年五月八日（古くは旧暦四月八日）、〝ようかび〟の行事として「御田植祭り」（おん田）が行われる。

おん田の起源は中世とされ、棚田に代表される山里の過酷な自然に対し、氏神さまにひたすら村の豊年と安穏を願う神事として催されてきた。八坂神社の主神は素戔嗚尊《すさのおのみこと》だが、いつのころからか牛神の牛頭天王と合体し、そのため人の病はいうに及ばず稲作の病害虫、さらには牛の病も退散させるという、農民にとってはかけがえのない神様だった。

祭りの日の午後、当番二人が朝に里山から刈り取った二束ずつの榊《さかき》と供えの餅や牛の面などを担ぎ、宮山中腹の神社に上がる。午後二時には氏子が集まって、お祓いと開扉、献撰の儀、祝詞奏上と型通りの神事が進み、約三十分で直会《なおらい》となる。神酒を酌み交わしながら村の諸問題が話し合われる集会を兼ねていて、昔から大切な行事となっている。

直会の間に小学一年から三年までの男女六人ずつの早乙女が選ばれ、赤いタスキ姿で境内に棒切れで穴を掘る。「ウト」と呼ばれるモグラの穴をまねたもので、直会が終わると腰蓑《こしみの》に煙草入れを下げ、木鍬《きぐわ》を担いだ馬子《まご》役が、神殿の石段を駆け降りて、境内で畦《あぜ》はつりをまねて鍬を振り回す。

子どもたちが「こっちにウトがある」「そっちにも……」とまぜかえし笑いを誘う。続いては、唐鋤《すき》を負った馬子が、牛の面を付けた牛役の追い縄を持って再登場。田を鋤くまねをする。荒起こしから代かきをして、いよいよ田植え。早乙女役の子どもたちが榊を二本ずつ境内に立てて、豊作を祈る。その後、榊は集められて参詣者に配られる。（吉田）

畦はつりをまねて鍬を振る馬子役

◇所在地/豊能郡能勢町長谷
電話なし
◇交通/能勢電鉄山下駅からバス森上徒歩1時間
◇時間/午後2時～4時頃

5月20～26日の日曜日【楠公祭】観心寺

南朝の忠臣、楠木正成の命日に営まれてきた法要。正成が湊川（神戸市兵庫区）で討ち死にした延元元年（一三三六）以来続くといわれる。

境内の「正成首塚」前に、主催の「楠公会」会員らが集まり、読経の中で遺徳を偲ぶ。地元の婦人たちも加わり、ご詠歌や箏曲などの音曲を奉納する。武者行列などが行われ、見物客が繰り出した時期もあるが、現在は荘厳な雰囲気の祭りに戻った。（井戸）

楠木正成の首塚前で営まれる楠公祭

◇所在地/河内長野市寺元475
電話0721-62-2134
◇交通/南海・近鉄河内長野駅からバス観心寺徒歩１分
◇時間/午前10持～

ぶらり探訪

●楠公遺跡巡り

南河内地方には楠木正成ゆかりの場所が多い。河内長野市では、南朝方の勅願所で寺内の中院が楠木家の菩提寺だった「観心寺」。後醍醐天皇の命で正成が造営した本堂（国宝）や正成の首塚〝大楠公首塚〟がある。正成が城を築いて防戦した激戦地といわれる「河合寺」や南朝方の本営で、楠木家ゆかりの宝物も多い「金剛寺」、正成の父・橘正遠の墓という五輪塔がある「延命寺」などが知られる。

富田林市には、正成夫人久子が四条畷の戦の後に正成・正季・正行・正時ら一族の菩提を弔うため出家して、草庵の観音堂を建てたと伝える「楠妣庵《なんぴあん》跡」がある。

千早赤阪村では、元弘の変のときに正成が築いた周囲二キロの天然の要害「千早城跡」が有名だ。正成討死後も正儀・正勝らが基地とした。すぐ東の鞍部に正儀の墓がある。また、正成が北条の大軍と激戦を交えた「下赤坂城跡」や正成が社殿を再建し、境内に正成・正行を祀る南北神社がある「建水分神社」なども知られる。（林）

5月28日【柴燈《さいとう》大《だい》護摩《ごま》供《く》大法会】瀧谷不動明王寺

厳粛華麗な炎の大法会

恒例の大峯修験による大護摩供大法会《だいほうえ》は、毎年五月二十八日、瀧谷不動明王寺の春季大祭として執り行われる。境内中央に設けられた護摩壇《ごまだん》に火を入れ、読経が流れる中、参拝者たちの願いが書かれた護摩木約十万本を火の中に投げ入れ祈願をする大法会である。

本来、柴燈大護摩供は、修験道の行者が山中で世間の平穏を祈願して護摩を焚いたのが始まりといわれ、同寺では家内安全、無病息災の法会として大正初期から執り行われている。

柴燈大護摩壇は、直径四メートルほどの円形に丸太を組み、祈願の護摩木を入れ、その上をヒノキの枝葉で高さ二メートルほど積み上げられたもので、境内の四方を青竹で囲み、結界とし、入り口が設けられている。

当日朝、山伏姿の奈良大峯山信徒会の行者による滝谷不動駅から瀧谷不動明王寺までの大練供養を終えると、いよいよ境内での儀式が始まる。本堂にてお勤めを済ませた行者約二百人が道場に入り、行者問答、法弓、法剣、法斧などの儀式の後、世界和平を祈って護摩壇に火を入れる。その後、修験行者たちによって次々と護摩木が火の中に投げ込まれていく。読経の声が辺りに響きわたり、その厳粛な雰囲気と燃え上がる炎の神秘さに包まれ、大法会はクライマックスを迎える。参拝者の絶えることないこの寺も、この日ばかりは近畿一円からの約五万人の参拝者であふれかえる。瀧谷不動明王寺は日本三不動の一つとして名高く、本尊の不動明王像は国の重要文化財に指定されている。また車の交通安全祈祷などに訪れる人も多く、地元では「瀧谷のお不動さん」と呼ばれ親しまれている。（木原）

煙の中に祈りを込めて

◇所在地/富田林市滝谷1762
電話0721-34-0028
◇交通/近鉄長野線滝谷不動駅徒歩15分
◇時間/正午～

5月下旬～6月中旬【初夏を彩る花菖蒲】
城北《しろきた》花菖蒲園

梅雨の晴れ間のひとときに

淀川の左岸、大阪市旭区・菅原城北大橋の辺りは城北ワンドと呼ばれる地域である。その一角にある城北公園の城北花菖蒲園は、五月下旬～六月中旬の花の季節のみ有料となる。ただし中学生以下・六十五歳以上・身体障害者手帖等持参者無料。

菖蒲園は城北公園（九・五ヘクタール）の一角に昭和三十九年に開園された回遊式の花菖蒲園である。面積約一・三ヘクタールといえばちょっと大きい庭園という感じであるが、そこに江戸系、伊勢系、肥後系といわれる三系統の花菖蒲約二百五十品種、約一万三千株が次々と咲く。それぞれに千代の春・夜明け前・紅唇・水辺の月などの命名が書かれている。濃緑の茎と葉は菖蒲湯にしたりするが、花の中ではおちついた気配、野生のノハナショウブを品種改良したのは江戸後期の旗本・松平金吾で『花菖蒲倍養録』を残した。加賀千代は「沢にあるうちは目立たぬ菖蒲」と詠んだ。しっとりと降る雨の中、梅雨の晴れ間に、白・紫・赤紫と色とりどり。江戸系はすっきりと粋に、肥後系はおおぶりでふくよか、伊勢系は優雅ともいう。

近くの城北ワンドは、昔、船便盛んだった頃に接岸の利便のために囲いをこしらえたのが今に残ったもので、葭が繁った一帯は淀川特有の生物のすみかになっている。天然記念物のイタセンバラをはじめ貴重な生態系が見られる。また、のどかな水郷風情が楽しめる。

釣りをしたり、写真を撮ったりする人がいるが、川べりを下って行くと毛馬《けま》の閘門《こうもん》に至る。（藤嶽）

花菖蒲は「礼を尊ぶ」気配あり

◇所在地/大阪市旭区生江３-29-１
電話06-6928-0005
◇交通/ＪＲ大阪駅前から市バス「守口車庫前」行で城北公園前下車
◇時間/午前９時30分～午後５時（入園は４時30分まで）

5月31日【粽祭《ちまきまつり》】方違神社《ほうちがいじんじゃ》

不安の時代、方災除《ほうさいよけ》（方除《ほうよけ》）の守護神はますます人気

方違幸大神《かたたがえさちおおかみ》を祭神とするこの社の起源は古く、西暦前九〇年に創建され、朝廷や武家の方違祈願の信仰が厚く、また平安時代には熊野詣の経由地でもあったため、人々は参詣して旅の安全を祈ったという。

摂津、河内、和泉の三国の境界に当たるこの地はどの国にも属さず、また方位のない清地であるという考え方から、境内の土と菰《こも》の葉で作られた粽は悪い方位を祓う方災除の神として新築、転居、旅行、安産、学業などあらゆる守護神とされ、毎年五月三十一日に行われる粽祭は賑わう（平成十七年度から行事の時間はすべて午後に変更される）。

午後一時、菰《こも》の葉で境内の土を包んだ粽を神前に奉る儀式が終わり次第、本殿で粽の無料授与が行われ、これを家に持ち帰り玄関などに貼り付ければ悪い方位を祓うと信じられて参拝者の長い列ができる。

午後一時三十分、米、酒、塩が入った神前の大きな二つの釜のお湯を巫女が笹の葉で勢いよく振り撒いて無病息災を祈願する湯神楽神事が静寂の中で黙々と行われる。

午後二時、着飾った稚児たちがかわいい天秤を肩に清めの砂《すな》を運ぶお砂持《も》ち神事で祭りは和やかに終わる。（三浦）

湯神楽神事は迫力十分の無病息災祈願

稚児たちが清めの砂を運ぶお砂持ち神事

◇所在地/堺市北三国ヶ丘町２－２－１
電話072-232-1216
◇交通/南海高野線堺東駅徒歩７分
◇時間/午後１時～

水無月

6月

みなづき

6月4日【歯ブラシ感謝祭】

綱敷《つなしき》天神社末社《まっしゃ》歯《は》神社

梅田のど真ん中に、日本で唯一の「歯の神様」

大阪・梅田。都会の真ん中。ヘップファイブやエストワンなど若者が集まるショッピングビルのすぐ近く。「こんな所になぜ神様がいるの！　しかも歯の神様が」と、驚かされるのが「歯神社《はがみさん》」である。日本で唯一の、歯の神様だ。

祭りは、毎年六月四日の虫歯予防デーに行われる。歯の健康を願う「歯ブラシ感謝祭」がそれだ。古くなった歯ブラシを神様に返し、新しく歯ブラシをいただく神事だ。歯ブラシメーカーや近隣の住人たちが集まって、この地の安寧を願ってご祈祷。宮司のお清めの後、全日本ブラシ工業会の人たちが、街ゆく人たちに歯ブラシを配る。

いまでこそ大阪の超一等地だが、昭和三十年代までは周囲は住宅地。「みんな変わったけれど、ここだけは昔のままやさかい、懐かしい。毎年六月四日は、お参りにきてます」と元住民だったというおばあちゃんたち。

なぜ「はがみさん」と呼ばれるようになったか。その昔、この社には巨石があり、それを人々はご神体として祀っていた。大雨で淀川が大氾濫、梅田一帯が水没しそうになったのを、この巨石が歯止めしてくれた。それを感謝して人々は「歯止めの神様」と呼ぶようになり、それがいつの間にか「歯の神様」に変化したと言われている。戦争時、大阪大空襲で梅田一帯が焼け野原になっても、なぜかこの社だけは無事だった。二〇〇〇年に放火の災難にあっても、募金によって一年後には再興された。

境内に「なで石」があり、これに触って歯の痛い所に手を当てれば痛みがやわらぐという。（近藤）

都会の真ん中にある小さな神社の小さな祭り

◇所在地/大阪市北区角田町２－８
電話06-6371-1586（工業協同組合）
◇交通/阪急梅田駅徒歩３分
◇時間/午前11時～

6月14日【御田植神事】住吉大社

田植えが進む間、舞台では神事・芸能が次々行われる

植女たちが豊作を祈り華麗な伝統芸能を奉納

「住吉のおんだ」ともよばれる。神功皇后が住吉大神をここに祀られた折、神饌田を設け、長門の国から植女《うえめ》を召して田植えをさせたことが始まりと伝えられる。

午前十時、新町花街から奉仕の植女、稚児、御稔女《みとしめ》などが神館に参集し粉黛《ふんたい》・戴盃《たいはい》式を行う。これで神事に奉仕する資格を得る。午後一時から本殿祭。宮司、神職、八乙女、植女、稚児、御稔女、風流武者、替植女、住吉踊りの子どもたちなど、第一本宮で五穀豊饒を願う祭典に参列する。お祓いをうけた早苗が植女に授けられ宮司以下列を整え御田へ渡る。行列は九メートルもある毛槍の投げ渡しをみせながら進む供奴《ともやっこ》を先頭にぐるりと「おんだ」をひと回りする。その間、衣装を付けた牛が代掻《しろか》きを続ける。約二反程の「おんだ」に八メートル四方程の舞台が特設され、まず修祓《しゅうばつ》の後、おんだに御神水が注がれ、植女から替植女に早苗の授受がある。替植女は早苗を受け取って田に降り、女性、男性が横一列になり中央へ向かって植え進む。

植女は赤・白・緑の衣装に赤い襷をかけ萌黄《もえぎ》色の市女笠に菖蒲と綿の造花を飾り、さわやかで美しい。秀吉の時代、社地を減らされ、江戸時代には数名に減ってしまった植女だが、明治中期、新町の奉賛者が土地を買い戻し、それ以来新町花街の芸妓が奉仕するようになった。

替植女の田植えの間、次々と行事が進む。

まず田舞が始まる。頭に菖蒲の造花と金の扇をつけた八乙女が舞う。本歌「みましもしげやわかなへとるてやは～中略～ほととぎすおれよかやつよ～」のほととぎす以下は『枕草子』にみえ、平安時代の言葉とメロディーがともに現在まで伝わる希有で貴重な歌だ。続いて四季の歌。春の田を鋤く、秋の刈りいれ、冬の麦まき、と春夏秋冬の農作業を歌う。

次に神田代舞《みとしろまい》。昭和二十七年から奉納されるようになった。花街一番の踊り手、御稔女が竜神の冠を付けて踊る雨乞いの舞だ。

次は風流武者の登場。高下駄に甲冑姿。薙刀、金地に日の丸の軍扇を持ち背に黄色い綿の花を挿している。鎌倉時代の僧兵が由来といわれる。その間にも田植えは進み、おんだを囲む畦道では陣笠、胴をつけた子どもたちが紅白に分かれて棒打ち合戦が始まる。カンカンと軽やかな音がおんだの上を飛び交う。

やがて舞台は菅笠を被り、黄色い帯に赤い襷姿の早乙女たちの田植え踊りが始まる。畦道では早乙女姿の女の子たちが可愛いしぐさで同じように踊りをみせてくれる。

次は住吉踊りが舞台と畦道で始まる。赤い垂れを回した菅笠、白い上着に黒い腰衣、道中わらじに団扇を持って踊る姿は僧形であり、神仏習合の名残りをうかがわせる。第一本宮の横に神宮寺跡の碑が残る。

この頃には田植えはほとんど終わる。植えるのは地元ＪＡの奉仕の人たちだ。秋には約八石ほどの収穫があり、お供えなど一年間の神事を賄う。一連の行事は重要無形民俗文化財に指定されている。（河瀬）

可愛い早乙女姿に観覧席から拍手が湧く

◇所在地/大阪市住吉区住吉２－９－89
電話06-6672-0753
◇交通/南海本線住吉大社駅徒歩５分
◇時間/午後１時～３時（開門午前６時～）

6月30日【茅の輪くぐり神事】茨木神社

「毎年かんかんに暑いか、土砂降りかのどっちかや」と話しながら、三三五五始まりを待っている。梅雨のさなかの、土地の人にとっては生活の一部になっている年中行事。大勢の参拝者に囲まれて「大祓い」神事のあと「茅の輪くぐり」。直径二メートルほどの茅の輪を、宮司を先頭に氏子総代らがくぐり、一般参拝者が神妙な顔つきで続く。ひと巡りしたところで茅の葉をもらう。大祓いの途中でもらった「切麻」（七ミリ四方の紙片）とともに、今年後半の息災を確かめる貴重な現物。帰途の表情は明るい。（松田）

宮司を先頭に「水無月の夏の祓い」

◇所在地/茨木市元町４－３
電話072-622-2346
◇交通/ＪＲ京都線茨木駅、または阪急京都線茨木市駅徒歩５分
◇時間/午後２時～（約30分間）

情報ファイル

●茅の輪の起源は「蘇民将来説話」

茅の輪くぐりは、陰暦六月晦日に行われる名越の祓（夏越・六月祓・荒和《あらにご》の祓などともいう）の呪法の一つ。太陽暦採用後は七月晦日に行われるものも多く、またその他の日を選んで行っている神社も少なくない。鳥居の下や拝殿・神橋の橋詰などに茅や藁を紙で包んで束ねて作った大きな輪を設け、この輪をくぐって穢れを祓い、災難や疫病の厄除とする。

『備後国風土記』逸文によると、武塔天神（牛頭天王）が南の海神の娘を妻問いする旅の途中、一夜の宿を蘇民将来と巨旦将来の兄弟に乞うたところ、裕福な巨旦将来には断られ、貧しい蘇民将来は快く迎え入れて粟飯でもてなしてくれた。そこで天神は「吾は速須佐能雄《はやすさのお》神である。近く悪疫が流行るが、そのときは〝蘇民将来の子孫也〟といって腰に茅の輪をつけるように」と教えた。はたしてまもなく疫病が流行り、蘇民将来と家族は免れたが、巨旦将来の一族は死に絶えてしまったという。（林）

6月30日・7月1・2日【愛染《あいぜん》まつり】勝鬘院愛染堂《しょうまんいんあいぜんどう》

落ちそうになりながらも愛嬌をふりまく愛染娘

愛染さんのお祭りで大阪もいよいよ夏本番の到来

「ほーえーかご」「商売繁盛」「愛染さんじゃ」「べっぴんさんじゃ」——涼やかなゆかたを着た愛染娘を乗せ、若い衆に担がれた宝恵かごの列が掛け声をかけながら阿倍野近鉄百貨店前（天王寺）から谷町筋一・五キロメートルをのんびり上がっていく。午後二時頃出発し、露店をかき分けるようにして愛染さんに着くのは四時頃。以前は夏の大祓いとして新町や今里新地のきれいどころがかごで練りながら参詣したが、最近は公募によって選ばれた愛染娘が交代でかごにのる。境内に入ると愛染堂の前で次々とかごをかつぎ上げ景気付けにぐるぐると回す。朝顔やかずらで飾られたかごからころげ落ちそうになる愛染娘もいて愛敬をふりまく。

五時から四天王寺一山住職による大法要。二十五人程の僧が愛染堂、多宝塔を参拝、誦経。愛染娘も参詣者と一緒に神妙に列席する。

ここにも近松の足跡が残る。「冥土の飛脚」の梅川・忠兵衛、「心中刃は氷の朔日」の小かん、などいずれも近松得意の道行きもので、奉納した提灯が物語の重要な鍵を握る。

六時頃から演芸大会、祭釜、地車《だんじり》囃子が始まる。夕闇が迫る頃、銀行、商社、学校、商店など愛敬開運、商売繁盛を願う名入りの献灯にいっせいに灯が入る。夕暮れの参道は夜店を楽しむ子どもたちのはしゃぎ声でますます賑やかに。

宝恵かご、大法要は三十日（宵祭り）のみ行われる。一日（本祭り）・二日（残り福）の夕方からの催しはだいたい同じで、露店も遅くまで出ている。

大阪の三大夏祭りは愛染さんに始まり、天神祭（七月二四〜）、住吉祭（七月三十日〜）へと続く。

「愛染さん」で親しまれる四天王寺別院・勝鬘院は推古天皇元年（五九三）、聖徳太子が四天王寺を創建した時に、敬田院、療病院、悲田院とともに「施薬院」としてひらかれたのが始まり。当時は広い薬草園があったことが推測される。

聖徳太子がここで人々に勝鬘経を講じたので後に勝鬘院と称されるようになった。

金堂（愛染堂）に安置されている愛染明王は、愛敬開運・商売繁盛・恋愛成就をかなえてくれる明王で本地は大日如来。経済人、芸能人などとともに、縁結びを願う若者の参拝も多い。

愛染堂の後ろにあるのが多宝塔。大日如来を祀る。文禄三年（一五九四）豊臣秀吉によって再建、大阪で最も古い建造物で重文に指定されている。

愛染明王、大日如来は秘仏で、愛染まつりの期間と修正《しゅしょう》会《え》（一月一日〜七日）の間だけご開帳される。

隣の大江神社はもともと四天王寺の鎮守として聖徳太子が開創したと伝えられている。狛犬ならぬ狛虎があり、タイガースファンのお参りが絶えない。西側が開けた台地にあり夕日の名所だった。境内に〝夕陽岡〟の碑や「あかあかと日はつれなくも秋の風」の芭蕉句碑があり、今も樹々の間から美しい夕日が望める。（河瀬）

多宝塔で厳粛に大法要が行われる

◇所在地/大阪市天王寺区夕陽丘町5－36
電話06-6779-5800
◇交通/地下鉄谷町線四天王寺前夕陽ヶ丘駅徒歩4分
◇時間/宵祭り・宝恵かご・午後2時〜
本祭り・残り福・夕刻〜

●天王寺七坂巡り

愛染堂のある上町台地は、大阪城から大和川まで約十三キロにわたって続く台地。特に生国魂神社から四天王寺に至る一帯は、古代にはすぐ西に海が迫っていた。その名残が台地と下寺町とを結ぶ多くの坂道。なかでも〝天王寺七坂〟と呼ばれる坂道は、階段状や石畳状の独特の風情を有し、坂道巡りを楽しむ人が多い。

まず一番北にある真言坂は、七坂で唯一南北に走る坂。谷町九丁目の千日前通りから生国魂神社の北鳥居に至る。周囲に生国魂神社の神宮寺の法案寺（南坊）をはじめとする真言宗の生玉十坊があったところからその名が付いた。生国魂神社正面から少し南に行ったところにあるのが源聖寺坂。狭い石畳道から階段状になっている坂道で、下ったところに名前の由来となった源聖寺がある。

七坂で人気が高いのが口縄坂だ。坂の下から見上げると蛇（大阪弁で口縄《くちな》）の腹のように見えるからという説と、大坂築城の「縄打口（起点）」であったことに由来するという説がある。少年期に上町で育った織田作之助の作品『木の都』はこの口縄坂が舞台で、登り切ったところに〝木の都〟の一節が刻まれた文学碑がある。

愛染堂の横の愛染坂はもちろん愛染堂から、その南方の幅広い石畳の階段の清水坂も、大阪市内で唯一滝がある寺として知られる清水寺（清光院）の横の坂道だから、そして天神坂も菅原道真を祀る安居神社があるところからその名が付いた。因みに安居神社の〝安居〟は、もとは四天王寺の僧が夏安居《げあんご》を修した地であるところから、夏安居の〝安居〟が残ったという。また大坂夏の陣に真田幸村が戦死したところと伝え、境内に碑がある。

一番南の逢坂は、四天王寺西門へ至る現在の国道二十五号線。昔は急坂だったが明治末年の市電開通時に改修された。下寺町との交差点は〝合法ケ辻〟と呼ばれた。聖徳太子が仏教反対派の物部守屋と仏法について討論した場所という伝承によるとか。すぐ西に閻魔大王を祀る「摂州合邦辻・閻魔堂」が建つ。（林）

文月

7月

ふみづき

7月7日【開山忌　大護摩法要】瀧安寺

修験の寺は鮮やかな新緑と清流の中に

本山修験の根本道場らしく古式にのっとって大護摩法要が行われる。百人程の修験者たちは日本最古の弁財天を祀る本堂を参拝したあと大護摩壇結界の入り口で「そもそも山伏とは―」「兜巾《ときん》とは―」など、山伏問答の後、護摩壇が築かれた道場に入る。中央に組み上げられた護摩壇を覆うヒバの枝葉は箕面川の源流にあたる高山の集落が昔から奉納しているもの。水神信仰がうかがわれる。聖護院の僧侶が導師となり、宝弓・宝剣・斧などの儀式のあと護摩壇に火が入れられ、やがて白煙と炎が立ち昇る。

『箕面寺秘密縁起』などによると、斉明天皇の頃、役行者が滝の側に小堂を建て弁財天を祀ったのが寺の始まり。南北朝時代、後醍醐天皇から瀧安寺の勅額を賜り現在の寺名となった。室町時代以降、火災、戦火、地震などで被災。江戸時代初期、下流の現在地に再建された。かつては五十余の堂塔があった箕面寺（瀧安寺）は村上天皇、後醍醐天皇、後水尾天皇など皇室との関係も深い。また行基・空海・日蓮・法然など多くの高僧が訪れ、修行の場とした。

一の鳥居を過ぎると山門。大護摩道場の前に鳥居。石段を上がり本堂（本尊・弁財天）の前にまた鳥居がある光景は、明治の廃仏毀釈政策に耐えた神仏混淆の名残りがみられる。文化六年（一八〇九）光格天皇から賜った山門は京都御所のもので平成十六年解体修理が終わり、手水舎、受付所なども新たに整備された。

大護摩法要は四月十五日（戸開式）・七月七日（開山忌）・十一月七日（戸閉式）に行われ、他月（四月〜十一月）は通常の法要が行者堂にて行われる（六月のみ一日）。（河瀬）

高々と火煙が立ちのぼる

◇所在地/箕面市箕面公園２
電話072-721-3003
◇交通/阪急箕面線箕面駅徒歩15分
◇時間/午前11時〜

7月7日【七夕祭】小松神社（星田妙見宮）

七夕伝説発祥の地で短冊に願いを託す

交野市から枚方市にかけての地域は、平安の昔、交野ケ原と呼ばれた貴族の狩猟地で、かの在原業平は「狩りくらし　棚機乙女《たなばたつめ》に宿からむ　天の河原に我は来にけり」（『伊勢物語』）と詠んでいる。日本における七夕伝説発祥の地ともいわれ、天棚機比売《あまのたなばたひめ》大神、栲機千々比売《たくはたちぢひめ》大神を祀る機物神社や牽牛石が伝えられる中山観音寺跡、天野川に架かる鵲《かささぎ》橋や逢合橋などが点在する。

小松神社は、妙見山（標高一六二メートル）の頂上に位置し、地元では星田妙見宮の名で知られる。古来、この地で修行していた弘法大師が秘法を唱えたところ、天上より七曜星（北斗七星）が降り、三カ所に分かれて落ちたという降星伝説の場所の一つ。鬱蒼《うっそう》とした森の中、長い石段を上りきった拝殿の奥に、神仏がその姿を石に現したといわれる巨大な影《よう》向石《ごうせき》が祀られている。

七夕祭りは、日中、釜に湯を煮立てた前で巫女が舞い、手に持った笹を湯に浸しては滴を参拝者に振りかけて厄を祓う湯立神事や七夕祈祷祓串の授与、大護摩供などが行われる。日暮れが近づくと、境内には神社が用意した笹とともに、地元住民が持ち込んだ笹が数百本並べられ、やってきた子どもや大人が色とりどりの短冊をつるす。ビンゴ大会や地元有志による妙見星太鼓の奉納演奏など、年ごとに賑やかなアトラクションが繰り広げられた後、いよいよクライマックスの祈願炊き上げ祭へ。山と積まれた笹飾りに火がつけられ、たくさんの願い事が炎とともに天へ昇っていく様子には、ひととき胸を打たれる。

同神社では毎年二月八日には「星祭」、七月二十三日には七曜星の降臨を祀る「星降り祭」も行われる。（木村）

色とりどりの短冊に願いごとをしたためて

◇所在地/交野市星田９-60-１
電話072-891-2003
◇交通/ＪＲ学研都市線星田駅からバス妙見山徒歩５分
◇時間/午後１時～

7月11・12日【いくたま夏祭】生國魂《いくたま》神社

暑い夜空に枕太鼓が響く〝いくたまさん〟

この夏祭りの生國魂神社の氏地は、天王寺区、中央区から構成され、各々が子ども神輿、獅子舞、枕太鼓などを出し、町内で祭りの雰囲気を盛り上げる。

特に、十二日は「渡御祭」が東地区にある「行宮《あんぐう》」で行われるが、クライマックスは日が暮れた午後七時半頃からの若者による壮絶な太鼓打ちであろう。枕太鼓に足を縛りつけて太鼓が横倒しになっても打ち続けるので、観客もハラハラしながら見守っている。

生國魂神社を訪ねるなら、近鉄上本町駅からでも、地下鉄谷町九丁目駅からでも、まず、東西の参道からがよい。両脇には色とりどりの夜店が並び、楽しみながら神社へと誘ってくれる。鳥居には茅の輪くぐりがあり、少し神聖な気持ちになって境内に入ると、「生國魂造り」という独特の三破風屋根の本殿と太鼓の音が心地よく迎えてくれる。じっと瞑想していると、御神徳の生成発展、商売繁盛、五穀豊穣、福徳円満、良縁成就がかなえられそうだ。

生國魂神社は、地元の人だけでなく、広く「いくたまさん」の愛称で親しまれている。神社の歴史は古代に遡る。社名の起こりは『日本書紀』では七世紀中頃と記されている。国土の生成発展を生島神《いくしまのかみ》、足島神《たるしまのかみ》、大物主命《おおものぬしのみこと》を御祭神として、当初は今の大阪城辺りの石山崎に創建したが、天正十一年（一五八三）、豊臣秀吉の大坂城築城で現在の地に移された。また、境内には浄瑠璃神社、鞴《ふいご》神社、家造《いえつくりの》祖《おや》神社や京都での「軽口話」を「大阪落語」に広めた米沢彦八の像もあり、上方文化とも縁が深く、さしずめ、大阪芸能センターの役割を果たしていたらしい。（藤江）

夏祭りの最後を飾る枕太鼓

◇所在地/大阪市天王寺区生玉町13−9
電話06-6771-0002
◇交通/地下鉄谷町線谷町九丁目駅徒歩５分、
または近鉄上本町駅徒歩10分
◇時間/午前10時～

7月11～14日【平野郷の夏祭り】杭全《くまた》神社

7月14日、本宮「お渡り」、国道の町中に出た神輿

厳粛な伝統と町衆の夢と希望の勇壮な夏祭り

杭全神社は貞観四年（八六二）の創建で素盞嗚尊《すさのおのみこと》を祭神とする古社である。「平野郷」とは、三百余年前の元禄十五年（一七〇二）に「平野庄」が本郷七町（野堂・流・市・背戸口・西脇・泥堂・馬場）と散郷四カ村（今林村・新在家村杭全・今在家村今川・中野村）を併せてできた「平野郷町」のことである。

夏祭りの始まりは、その三年後の宝永二年（一七〇五）に新しい神輿ができた時とされる。「元来、神社創建当初から夏祭り（祇園会《ぎおんえ》）も疫病封じの願い事としてあったが、神輿を主役とした夏祭りの祭礼は、この頃に始まったものと考えてよいでしょう」と藤江正謹宮司は語る。その後、練物などが加わり、やがて、地車《だんじり》が登場し、現在の夏祭りの形態が整ったとみられる。

別名「けんかまつり」と呼ばれる威勢のよいこの夏祭りには風土的な歴史背景があった。古代大和国三輪王朝・飛鳥京・藤原京と摂津国難波津（北区天神橋付近）を結んだ大和川が柏原市国分付近で北流していたのだが、度重なる河川の氾濫で、西の堺市方面に現在の大和川を造ったのが三百余年前だ。平野郷の南側を流れることになったので、治水と開墾で一千町歩の新田が出現し、河内木綿の栽培地としても全国的に知られた。この新しい大和川が平野郷を活気ある貿易船の輸送港の基地として一気に発展させた。

この地形と町の変遷が、平安時代からの厳かな神輿行事と威勢のよい町衆の地車に一体となって成立したのが「杭全神社・平野郷の夏祭り」だったのだろう。

四日間の祭りを通じて、神社の伝統的責務と民衆の熱気と喜びが、掛け声と太鼓の音とともに身体に響き渡ってくる。

十一日は、「足洗い神輿川行神事」で、午前九時に太鼓台が神社を出て、これから夏祭りが始まることを町中に触れて回る。午後二時、飾り付けのない「裸神輿」が神社を出発し樋の尻橋の祓所で清めの神事の後、夕方に神社に帰り、拝殿で飾り付けを行い、すべての明かりを消して、神遷《うつ》し神事によって祇園社（本社）の御神体を神輿にお遷しする。

十二日と十三日は、九町の地車（野堂町南組・野堂町東組・野堂町北組・馬場町・泥堂町・西脇町・背戸口町・市町・流町）がコース別に昼と夜に町中を練り歩く。圧巻は、十二日の夜九時三十分頃から南港通りに九町自慢の地車が勢揃いする「合同曳行」で、若衆の掛け声と屋根方、囃子方、世話人の息の合った曳行は暑さを忘れて見入るほど。

十四日は本宮で、神輿の「お渡り」の本祭りである。午前九時から先触れ太鼓台が、十時三十分から神輿が当番町の人たちに担がれて神社から町中に出発する。午後四時お旅所の三十歩神社に宮司、猿田彦、神職、巫女、楽人、氏子総代など神輿に奉仕する人たちが到着し、神事と神楽奉奏後、人が扮した猿田彦神を先頭に行列を組んでお渡り筋を巡行して神社に帰還するが、神輿は午後九時頃まで町中を回って神社に戻り、第一殿に神遷をして、夏祭りの行事がすべて終了する。（藤江）

次世代を担う子どもたちが見守る

◇所在地/大阪市平野区杭全神社
電話06-6791-0208
◇交通/ＪＲ大和路線平野駅徒歩10分
◇時間/午前９時～

7月12〜14日【夏祭り】難波八阪神社

千日前の繁華街で獅子舞の奉納

道頓堀川に船渡御が復活、祭り行列がミナミを練り歩く

江戸時代、道頓堀の芝居小屋や茶店の灯りが人々を魅惑する中、夏になると幾艚もの渡御船が提灯を掲げ、鉦や太鼓を囃しながら道頓堀川を上り下りした。

以来、長い間途絶えていた船渡御神事は地元の氏子や商店会の努力で平成十二年、二百五十年ぶりに復活した。

十二日午後六時すぎ、湊町リバープレイスの桟橋を離れた渡御船はいったん、日吉橋まで下り、折り返し道頓堀川を上がってくる。太鼓船、雅楽船、篝火船、鳳輦船などに混じって有名店のコマーシャルを掲げた船もある。戎橋手前で大阪締めを披露する船や二回転の芸を見せる木場の船もある。薄暮のなか、十数隻が戎橋をくぐり日本橋まで上がり、Uターンして下る。灯を入れた船、川の両岸のネオン看板、点灯された数百の提灯が水面に映え、美しさに暑さを忘れるほど。渡御船は午後八時頃戎橋を経て湊町の船着き場に帰る。

十三日は宵宮。午前の神事のあと午後一時から枕太鼓、神輿、獅子舞等がミナミの繁華街を巡幸する。午後六時から獅子舞奉納、氏子の女性会による民謡、踊りなどの奉納演芸、九時から餅まきがある。参道の夜店は遅くまで賑やか。

十四日が本宮。午前十一時からの神事のあと午後一時から猿田彦神、枕太鼓、神輿などが桜川、南堀江など、前日とは違うゆったりとしたルートを巡幸。昔は二十台ほどの神輿が出たという。午後六時から前日と似たような行事が行われる。

八阪神社は、古来、難波下の宮牛頭天王《ごずてんのう》と称され、言い伝えによると、仁徳天皇の頃に悪疫を退治するため牛頭天王を祀ったのが始まりという。平安時代に社殿が創建された。もとは七堂伽藍を備え十二坊をもつ仏寺と並立していたが兵火に遭って荒廃、明治の神仏分離政策で寺は廃絶した。

昭和二十年、戦災で全焼したが、四十五年、社殿が再興され伝統行事も徐々に復活。獅子殿がユニーク。（河瀬）

道頓堀に渡御船が映える

◇所在地/大阪市浪速区元町２－９
電話06-6641-1149
◇交通/ＪＲ・地下鉄・近鉄・南海各難波駅徒歩５～10分
◇時間/７月12日・船渡御午後６時～
13日・宵宮午後１時～
14日・本宮午後１時～

ぶらり探訪

●蘇る「水の都」

「水の都」大阪ならではの祭りや観光資源の復活が注目される。平成十五年に始まった「なにわ探検クルーズ」も大好評。湊町リバープレイス前で乗船し、道頓堀川—木津川—堂島川—大川—土佐堀川—東横堀川と周航して道頓堀川に戻ってくる。

「道頓堀川水門」「東横堀川水門」では圧倒的な量の水の移動を目の当たりにして迫力満点。「大阪ドーム」「大阪国際会議場」「中央公会堂」の川からの眺めは新鮮で感動ものだ。道頓堀の戎橋をくぐる時は嬉し恥ずかし興奮もピークとなる。水上から大阪城を眺める「アクアライナー」とともに、今や大阪の二大船遊びである。

多数の川が流れる大阪には今も渡船場が八カ所残る。安治川河口の「天保山渡船場」、尻無川の「甚兵衛渡船場」「千歳渡船場」、木津川には「落合上渡船場」やループ式道路下の「千本松渡船場」などである。渡船を乗り継ぐ街歩きがユニークで楽しい。（小嶋）

7月15日～【大阪港みなとまつり】大阪港一帯

夏の海を飾る天保山海上花火大会

クルーズやヨットレースで海の楽しさを満喫

七月十五日の大阪港開港記念日を中心に、大阪市が大阪港一帯で開催。「市民の海や港への関心を高め、親しんでいただく」ことを目的とした祭りで、期間中は大型フェリーによるクルーズや夏の夜空を彩る海上花火大会などさまざまなイベントが催され、大阪港一帯が大いに賑わいをみせる。

詳細は毎年多少変動するが、例えば平成十六年には、七月十五日の「大阪港開港記念式」を皮切りに、十七日には大型フェリーに乗って明石海峡大橋を巡るクルーズや大阪市帆船「あこがれ」の一日体験航海などが行われた。翌十八日には大阪港天保山で六人漕ぎカッターによる男女別のタイムレースが、また大阪北港ヨットハーバーではディンギーヨットによるクラス別の大阪市長杯市民ヨットレースが開催された。

このほか十九日には、夏の夜空を飾る天保山海上花火大会が催され、天保山西岸壁沖に設置した台船から三千発の花火が打ち上げられ、海遊館周辺やコスモスクエア海浜緑地は多くの若者や家族連れで賑わった。

二十日には客船「にっぽん丸」（二万一九〇三総トン）の船内見学会や大阪市広報船「夢咲」による大阪港クルーズも

行われ好評を博した。

なお、クルーズや体験航海への参加、カッターによる男女別のタイムレースやディンギーヨットのタイムレースなどレースの出場者は一般公募している。憧れの帆船乗船やクルーズを体感するチャンス。

参加募集は、例年往復ハガキや所定の申し込み用紙で受け付ける。募集要項は各メディアでも告知・掲載されるので、競争率は高いがぜひ応募し、みなとまつりに参加したいものだ。（団田）

天保山沖でのカッターレース

◇所在地/大阪港一帯
電話06-6615-7764（大阪市港湾局企画振興部振興課）
◇交通/ＯＴＳ線コスモスクエア駅徒歩７分、またはトレードセンター前駅徒歩３分。南港ポートタウン線中ふ頭駅徒歩５分
◇時間/年により変更あり（要問合せ）

7月17・18日【高《こう》津《づ》宮《ぐう》夏祭り】高津宮

こうづさんのお祭りは　奉納舞台演芸もたのしみ

ミナミの静かな商業地域の中に、木々に囲まれたオアシス、高津宮の杜がある。宵宮の十七日は午前九時から神事があるが、人が集まり始めるのは参道の露店が準備にかかる午後三時を過ぎてからだ。大阪の台所「黒門」を染め抜いたハッピを揃え、高津小学校の子供神輿が参道に姿を現す頃になると参拝者も増え絵馬殿では地車囃子が盛り上がる。

黒門市場のハッピ姿も勇ましく神輿が石段を上がる

午後七時頃からお待ちかねの高津落語会が始まる。「高津の富」「崇徳院」「高倉狐」「いもりの黒焼き」など高津宮を舞台にした落語は多い。終わった後「高津の富」に因んで抽選会が行われる。絵馬殿にはこの落語をテーマにした成瀬國晴画伯の絵馬が奉納されている。

宮司さんは伝統文化の継承にも力をいれていて、子供文楽教室、学生の落語勉強会、若手落語会などが境内の「高津の富亭」で開かれる。五十人ほどしか入れない小屋だが百人近く入ったこともあったという。

この辺りは上町台地の一画で、江戸時代には展望所があり、遠眼鏡を貸す商売が流行った。西坂は縁切り坂とよばれ、明治初期まで石段が三下り半になっていたが今は諸々の悪縁を絶つ坂といわれている。戦前まで、降りた所にイモリの黒焼きを売る店が二軒あった。知る人ぞ知る「ほれ薬」だ。

十八日は本宮。午後三時過ぎから子供神輿の宮入り。露店に灯が入り始める頃から民謡・舞踊などさまざまな芸能が奉納される。子どもたちが神主さんに、身体のあちこちにお参りした証しの判を押してもらう光景があたたかく微笑ましい。

高津宮の主祭神は仁徳天皇。ここから大阪の町を眺め「高き屋にのぼりて見れば煙立つ民のかまどは賑いにけり」と詠んだとあるのは伝説。しかし皇室との関係は深い。

もともと大阪城の辺りに社殿があったのを天正十一年（一五八三）、豊臣秀吉の大坂築城の際、当時八町四方といわれた比売許（古）曽神社の境内だった現在地に遷座された。いまも本殿横に比売許曽社が祀られている。東側にあるのが高倉稲荷。人が狐をだます、落語「高倉狐」で知られる。『摂津名所図会』、『難波鑑』などに往時の賑わいが偲ばれる。

昭和二十年三月の空襲で社殿は神輿庫以外は焼失、しかし昭和三十六年、氏子・崇敬者によって現在の姿に再建された。（河瀬）

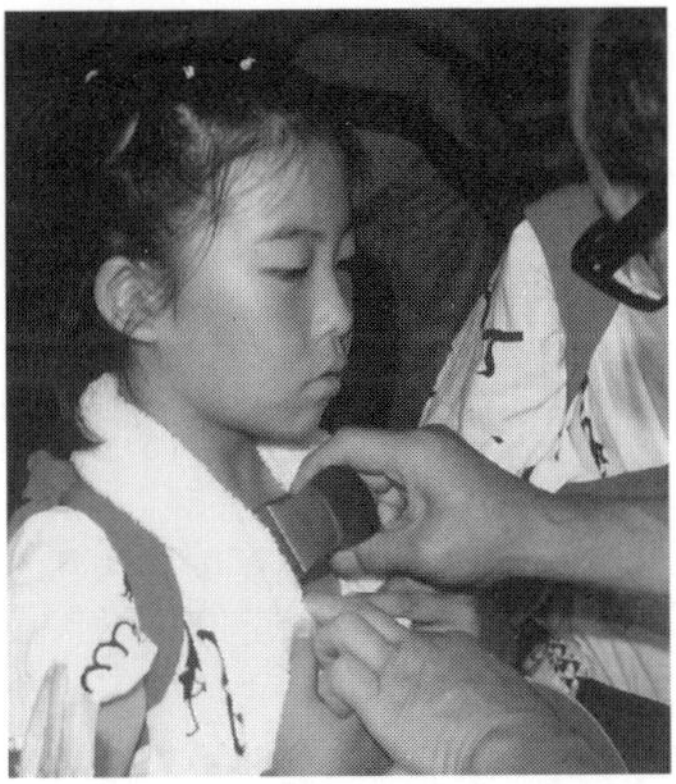

宮司さんにお参りの判を押してもらう

◇所在地/大阪市中央区高津町１－１
電話06-6762-1122
◇交通/地下鉄谷町線谷町９丁目駅徒歩10分
◇時間/17日・宵宮　午後３時～
18日・本宮　午前10時～

7月17・18日【夏季大祭】瓢箪山稲荷《ひょうたんやまいなり》神社

お稲荷さんが見守る境内で賑やかに催される

太閤秀吉ゆかりの神社

毎年、七月十七日、十八日。瓢箪山稲荷神社周辺は大賑わいとなる。十七日が宵宮、十八日が例大祭。太閤秀吉の命日に当たる。両日とも、民謡踊りの輪ができ、いかにも河内らしい夏祭りとなる。

瓢箪山駅前から瓢箪山稲荷神社まで、徒歩で二〜三分ほど。周辺には路地がいっぱいあるが、参道や境内はもちろん、周辺の路地という路地に、縁日の屋台が並び、あちこちで祭りを楽しむ人垣ができる。屋台は総数二百軒もあるがそれでも「昔に比べれば、半分ほどのスケール。河内音頭も昔は夜通し踊ってたもんや」と地元のお年寄りは言う。

瓢箪山は、その名の通り瓢箪の形をした丘だが、この丘は六世紀初めの古墳だそうだ。なぜ、この地に稲荷神社かというと、瓢箪が大好きだった豊臣秀吉が天正十一年（一五八三）、大坂城築城に当たり、この地に金瓢を埋め、伏見桃山城から「ふくべ稲荷」を勧請したのに始まるという説もある。お稲荷さんは保食の神様。お腹に稲を持っており、食うに困ることはない。目立つ赤い鳥居が平成十五年に新設されたばかり。

かつては大阪を南北に結ぶ道路はこの道しかなく、交通の要路。道沿いにはたくさんの茶店や旅籠が並び、大変な賑わいを見せていたそうで、道のあちこちで辻占いが行われていた。江戸、明治と大流行した辻占の総本社である。堂島の米相場の上下もこの地の辻占いの影響があったほど。また、若い娘たちの恋占いの場でもあったよう。神社では辻占いや福笹、おみくじなどを売っている。

いまでも、神社は精神的支柱だが、ヘーヤコリャドッコイセ～と流れてくる河内音頭の輪で踊る人々を見ていると、東大阪地域の人々の安寧を願わずにはいられない。（近藤）

三重、四重にも広がる盆踊りの輪

◇所在地/東大阪市瓢箪山町8－1
電話0729-81-2153
◇交通/近鉄奈良線瓢箪山駅徒歩2～3分
◇時間/宵宮　午後6時30分～
例大祭　午前11時～

7月第3土・日曜【夏祭り】比賣許曽《ひめこそ》神社

枕太鼓と獅子舞が商店街を練り歩き、負けじと地車も

他人に教えたくない味処がいっぱいの庶民の街、鶴橋商店街から数分のところに、比賣許曽神社は鎮座する。

社伝によれば垂仁天皇二年（約二千年前）、愛《あ》久《く》（来）目《め》山に下照《したてる》比賣命《ひめのみこと》を祀ったのが始まりという。上町台地の一角、今の小橋町辺りだ。

歴代天皇、将軍家の崇敬が厚く、盛時の頃は社地八町四方といわれるほどだったが元弘年間兵火に罹り社殿を焼失、その後、足利義晴が社殿を再建したが、天正年間、織田信長の石山本願寺攻めでまたもや諸建物は類焼した。この時、小橋村の氏子たちが御神体を守り、摂社の牛頭《ごず》天王社へ遷座したのが現在の社殿である。

第三土曜・宵宮。獅子舞、地車など、昼過ぎから町内を回っていた一団が帰って来るのが五時過ぎ。獅子舞、傘踊りが境内を一巡りした後、本殿の前、日の丸の扇をもったリーダーへ向かって子供獅子が二頭で突進、リーダーが見事な手さばきで獅子を挑発し、なだめ、踊らせる。四頭になった

だんじりもここが見せ場

り、女の子の獅子が来たり、屈強な青年獅子が勢い余って賽銭箱に突き当たったりと、見ている方も熱くなる。

　枕太鼓が始まる。「天神さんの太鼓より大きい」と自慢するだけあって腹に響く強い音が走る。

　地車が帰って来た。正面の鳥居をくぐり宮入をする。空が深い藍色に染まる頃、境内は人で埋まり始める。地車に灯が入ると、獅子舞、枕太鼓など次々と迫力ある技を披露してくれる。天神祭の「からうす」を思いだした。

　第三日曜日・本祭。宮出は午後零時三十分頃。子どもたちの鼓笛隊の後に、枕太鼓、獅子舞、傘踊り、子供獅子舞、地車が続く。鶴橋商店街の狭いアーケードを、囃しながらくぐるようにして進んでいく。

　御旅所の産湯稲荷神社に着くのは午後四時頃。境内の井戸は昔から名水として知られ、『摂津名所図會大成』にも紹介されている。四時三十分頃御旅所を出て七時頃に宮入。宵宮と同じような諸事が続き、福餅まき、大阪締めがあって九時過ぎ、ようやく参詣者は帰路につく。

　神輿蔵に据えられている神輿は昭和十二年に奉納され、菊の紋章と五七の桐があしらわれている二トンはありそうな大神輿。天神さんに二台とここにだけしかないという。担ぐのに七十人は要るとか。復活し渡御の姿を見てみたい。（河瀬）

氏子の玄関前で獅子舞が奉納される

◇所在地/大阪市東成区小橋３－８－14
電話06-6981-0203
◇交通/ＪＲ大阪環状線、地下鉄千日前線
鶴橋駅徒歩５分
◇時間/宵宮・午後４時頃～
本祭り・午後０時30分頃～

7月第3日曜に近い2日間【夏祭り】

露天神社《つゆのてんじんじゃ》（お初天神）

キタのど真ん中で獅子・傘踊り・役太鼓が舞う

元禄十六年（一七〇三）四月、天満屋の遊女・お初と平野屋の手代・徳兵衛が曾根崎天神の森で心中した事件を近松門左衛門が浄瑠璃「曾根崎心中」として一カ月で書き上げ、道頓堀の竹本座に掛けて大評判をとった。「此世のなごり夜もなごり　死に丶ゆく身をたとふれば〜」の台詞はあまりにも有名。それ以来、露天神社は「お初天神」が通称となった。

鎮座は約千三百年前。昌泰四年（九〇一）菅原道真が大宰府に向かう折に立ち寄り「露と散る涙に袖は朽ちにけり〜」の歌を残し、そこから露天神社と呼ばれるようになった。

宵宮は午後七時頃から。地車囃子が拝殿横の特設舞台で始まる。しばらくすると舞獅子、傘踊りが入り、役太鼓の宵宮打ちが披露される。本宮と装束が少し違うのにも注目。

本宮は午前十時三十分から神事が行われ、十二時から役太鼓、舞獅子、地車囃子がお祓いを受け宮出する。

まず赤い烏帽子姿の六人の打ち子が乗る役太鼓が出発する。阪神百貨店前、ハービス大阪、大阪駅前、お初天神通りなど繁華街からビジネス街の氏地を八時間程かけて巡行する。少し後れて舞獅子・お囃子・傘踊りの一団が出発。こちらは地下街も巡行する。子どもや女の子が中心で華やかだ。

宮入は午後九時頃。まず役太鼓。さんざん焦らしたあと鳥居をくぐり拝殿へ突進、危ういところで急停止、引き返して再び突っ込んでくる。何度も繰り返しているうちに砂ぼこりのなか参拝者もだんだん盛り上がる。十時過ぎ、舞獅子、傘踊りが宮入する。お囃子隊の笛、地車囃子の鉦・太鼓、「大阪名物夏祭り　おたやんこけても鼻打たん」の囃し唄が一つに溶け合ってお祭りは最高潮に。（河瀬）

キタの繁華街を練り歩く

◇所在地/大阪市北区曽根崎 2－5－4
電話06-6311-0895
◇交通/ＪＲ大阪駅徒歩15分
◇時間/宵宮・午後７時～
本宮・午前10時30分（神事）～

寺内町に太鼓の音が響く「練り合い」

7月19・20日【太鼓台祭り】感田神社

十六世紀（約四百二十年前）からの熱気が今に……

天正十一年（一五八三）顕如上人によって本願寺が紀州鷺森より貝塚に移されたのを歓迎し、梯子の上に竹笹を立てて太鼓を叩きながら担ぎ回り歓喜したのが起源と言われている。俗に貝塚宮と称される感田神社の夏祭りに、太鼓台が登場したのは今から約二百六十余年前で、泉州地域で最も古い歴史があるという。

泉州地域では寺内町という住民自治が発達し、この地貝塚も感田神社近くの願泉寺を中心に一向宗の町づくりが完成。祭りの様式も古来のまま現在へと引き継がれている。

蝉がすだく真夏の午後、感田神社前に大北町・中北町・南之町・西之町・近木町・中之町・掘之町の七町からいっせいにそれぞれの太鼓台が勢揃いする。玉座と言われる五枚重ねの座蒲団の上には御神体の魔羅《まら》が睥睨し、二人して叩く太鼓の響きは若衆の熱き血潮をかき立てる。この祭りは戸数約二千三百戸、約六千人の氏子の人たちによる「太鼓台祭り運営委員会」で協議、町衆の知恵と汗で運営されている。

祭り装束をきりりと締め込んだ町衆たちの背中に汗が滲み、太鼓の撥がいちだんと高く跳ね上がると、「ベーラ　ベ

ーラ　ベラショッショ」の掛け声とともに太鼓台は猛々しい生命を吹き上げる。前部には二十代以下の若衆が、後部には壮年衆が肩を入れる。担ぐ人、太鼓を叩く人、太鼓台の上で囃す人、身内の人も、見る人も、通り一帯が太鼓の響きに呑み込まれ、不思議な一体感に包まれる。重さ一・五トン、総勢五十人が力を合わせて右に左に揺れながら、中町通り、浜通り、中央商店街など寺内町内を巡り感田神社前へ戻ってくる。神官のお祓いを受け、一息つくのももどかしく他の町の太鼓台と競い合う「練《ね》り合《あ》い」が始まる。ひときわ高く「ベーラ　ベーラ　ベラショッショ　石山の秋の月、牡丹に唐獅子竹に虎……（中略）ショショヨマカ　ショショヨマカ　ショッショッショ　信濃屋のお半さん、石部のお宿で仮枕　ベーラ　ベーラ　ベラショッショ」。元はわらべ唄からと伝わる太鼓台担ぎ歌に囃され、酔いどれた獅子が咆哮するかのように足元は揺れ、汗の飛沫は路上を濡らす。坊主頭も茶髪の顔も後ろから浴びせる力水に光り、目はらんらんと輝きを増している。どれも同じに聞こえていた囃し歌であったが、聞き慣れるほどに太鼓台ごとに微妙な違いがあることに気づく。担ぎ方も若い衆の勢いと力、長年培ってきた壮年衆の技が太鼓台の下でぶつかり合いながらなぜか調和しているのである。五分、十分……掛け声は天を突きフィナーレを迎える。

やがて感田神社境内をわたる一陣の風が、担ぎ終えた達成感と安堵感を与え、町衆の心意気に感動の喝采を送った。

十九日、宵宮の提灯に揺れる幻想。二十日、本宮の威勢。一年に一度の祭りを楽しみに里帰りする人、友達と一心同体に担ぐ人、見とれてよし参加してさらに惚れる地域の誇り、日本人が忘れかけていたアイデンティティを呼び起こす太鼓台祭りである。祭りの終焉は翌年の始まりを告げ、年々歳々貝塚寺内町の「くらしの文化」として受け継がれていくであろう。（桑原）

掛け声とともに太鼓台が行く

◇所在地/貝塚市中905番
電話0724-22-1446
◇交通/南海本線貝塚駅徒歩５分
◇時間/午後１時〜10時

7月19・20日【夏祭】野田恵美須《えびす》神社

伝統を守る地域のエネルギー

平安時代末の創建ともいわれるこの神社の祭神は、恵美須《えびすの》大神《おおかみ》、天照皇大神《あまてらすすめおおかみ》、八幡大神《やはたのおおかみ》。かつては野田村の氏神として村人の心のふるさとだったが、時代が進んでその意識が薄れてきている昨今でも戦火に遭わなかったこの地の人々の結束はかたい。

勇壮な宮入

とりわけ夏祭に氏子区域を巡行する太鼓、地車、鯛鉾にその伝統が色濃く残っている。

江戸期からあったといわれる太鼓は、生国魂《いくたま》、天満、御《ご》霊《りょう》、茨住吉と並んで五指に数えられていただけあって勇壮なもので、夜間宮入のとき大勢の若衆が太鼓を高く担ぎ上げたり倒したりするさまは圧巻だ。

その昔、六つに分かれていた野田村は、一町が太鼓、一町が神輿《みこし》、そして残りは地車を持っていたのだが、老朽化で大正中期に絶え、昭和六年に今の大きな地車が先の四台にかわって造られた。この年、四神鯛鉾もまた製作された。

これは二年前の御大典を記念して企画されたもので、四隅に東西南北の神である青龍、白虎、朱雀、玄武を描いた旗が立てられている。

ほかに恒例として、一月九、十、十一日は十日えびす。二月三日または四日は節分祭。十月九、十日は秋祭、十二月十日は御火焚祭。元旦をはじめ毎月一日は献湯神事がある。（成瀬）

◇所在地/大阪市福島区玉川４－１－１
電話06-6441-7084
◇交通/地下鉄千日前線玉川駅徒歩４分、またはＪＲ野田駅徒歩６分、阪神野田駅徒歩10分
◇時間/午後１時頃～

7月21～23日【大阪せともの祭】

陶器神社・坐摩《いかすり》神社

皿などの器で造られた人形。遊びごころも満点

久しぶりに再開、今後が楽しみな毎年変わる企画

江戸時代初期から三百年以上にわたって受け継がれて来た伝統行事だが第二次世界大戦で一時中断、戦後再開され大阪の夏の風物詩として賑わった。不況、交通問題、陶器店の減少などが重なり平成十二年以降再び中断したが、平成十六年、実行委員会が組織され、少し形を変えて復活した。

横堀川の舟運に恵まれ、かつてはせともの町とよばれた江戸堀、新町にあった二百軒程の陶器店が蔵ざらえの市や端物の市を開いたのが評判となり、瀬戸物市の始まりとなった。

二十一日は坐摩（いかすり。ざま、とも）神社の宵宮祭。境内と東門の前に陶磁器を並べる露店が十数軒店を構え、体験教室も開かれる。神社会館では猫や器をテーマにした企画展が開かれ、テーマは毎年変わる予定。古い瀬戸物を持参すると新しい招福茶碗と交換してくれる（先着順・一人一個）のもうれしい。

二十二日は坐摩神社の夏季大祭。午前十一時から神事があり午後三時過ぎから神楽奉納、夕刻からイベントが催される。

坐摩神社は神功皇后の頃、渡辺の地（天満橋近くの石町）

に奉祀されたのが始まりとされる。しかし豊臣秀吉の大坂築城により渡辺の地名とともに現在地へ遷座した。戦災で社殿とともに記録類は焼亡したが『摂津名所図会』に「坐摩神社西成総社」とあり、境内に芝居小屋らしきものが見え、大変賑わっていた様子がうかがえる。

二十三日は陶器神社例祭。坐摩神社境内にあり、午前十時から神事が行われる。拝殿の格天井にはめ込まれた作家の絵皿が見もの。陶器で作られた人形も面白い。防火の神様として知られる富岡鉄斎書「火要鎮」のお札が人気。(河瀬)

境内外で陶器市が開かれ掘り出し物も

◇所在地/大阪市中央区久太郎町４丁目渡辺３　電話06-6251-4792
◇交通/地下鉄御堂筋線本町駅徒歩４分
◇時間/21日　坐摩神社宵宮祭　午後３時～８時
22日　坐摩神社夏季大祭　午前11時～午後８時
23日　陶器神社例祭　午前10時～午後７時

ぶらり探訪

●「ほんまもん」ずらりの黒門市場

「いらっしゃい。ほんまもんやで～」と、賑やかな呼び込みの声が響き、店頭には、泡を吹くカニが動き、鯛や平目がぴちぴち跳ねる。瑞々しい野菜が並ぶ――。

日本橋の黒門市場は、キの字型・延べ五百八十メートルの小道に約百六十店が並ぶ、大阪を代表する市場だ。対面販売の強みで「まけてえな」「ほな、ちょっとだけ」とお客と店の主の丁々発止も健在。生鮮が中心だが、最近ではブリの照焼きや醤油を添えて刺身を売る店も増え、外国人観光客がそれらをほおばりながら歩く姿もちらほら。買物客数は一日平均約一万八千人。

二百年前、紀州から来た漁師らが大阪の入口だった日本橋のたもとで魚を売り始めたのが起源。ミナミの盛り場に近いため、高級鮮魚を割烹店などに供給してきた。「鱧が並び始めたら、天神祭の季節やなあと思う」と常連客。大阪人の味の心と市場の活気に、改めて触れたい時に探訪したい市場だ。(井上)

大小の「だいがく地車」と「だいがく踊り」

7月24・25日【だいがく夏祭】生根《いくね》神社

天までとどけ雨乞いと五穀豊穣、天下泰平祈願

「だいがく」は、「台額」あるいは「台神楽」が転訛したともいわれる。地車は高さ二十メートル、重さ四トンで、担ぐのに百人以上が必要とされる。現在は交通事情や保存性などの理由で境内に置かれるだけになった。昭和四十七年三月三十一日、「玉出の台額」として大阪府有形文化財民俗資料第一号に指定された。これを機に「小型だいがく」（高さ十二メートル）と「子供だいがく」（高さ六メートル）が作られ、町に繰り出される。

近寄って仰ぐと、天辺に神楽鈴をつけた「だし」が天高く聳《そび》えている。一番下の台に取り付けた大太鼓の音の迫力も凄い。若い衆が一心不乱に叩く。横で、年寄衆が「天まで届け。ええぞぉ、ええぞぉ」と囃し立てる。つい、届け、届け、と心の中で叫んでしまった。

この祭りの歴史は、第五十六代清和天皇時代（八五八〜八七五）に始まる。同じ日に行われる大阪天神祭より百年余り古いことになる。当時、干ばつに苦しんでいた農民たちが住吉竜神・大海《おおみ》神社前で、日本六十六カ国の一宮の御神燈の六十六張と鈴六十六個を吊るした柱を立てて雨乞いを祈願する

と、にわかに一天かき曇り、雨が降ったという。そこで農民たちは、柱に台を付け、太鼓を鳴らして村内を回ったのが習わしとなった。

「だいがく」は、江戸末期には玉出に十四基あったが、明治末期には玉出、難波、木津に各六基を残してほとんどが滅び、昭和初期にはわずか三基になった。そして、昭和戦災で二基を焼失し、現存は生根神社の一基のみとなった。これは祝賀行事で岡山に貸し出されて難を逃れたもので、昭和二十七年に由緒ある生根神社に返還された。

二十四日は宵宮で、午前九時から「魔除け獅子」と「枕太鼓」が町中を巡行する。

二十五日は本祭で、午後一時から「神輿渡御式」があり、枕太鼓などで賑やかに町中を巡行する。午後五時から境内で男の子のハッピ姿も勇ましい「子供だいがく」の太鼓と、女の子の可愛い青いハッピ姿や主婦のゆかた姿の「だいがく踊り」が奉納される。若い衆の「だいがく太鼓」も競演すると、家族連れも参加して活気を帯びてくる。祭りの熱気が届いたのか、三十分後に梅雨空から雨が降ってきた。

奉納行事が終わると、神社周辺の夜店で、タコ焼きやお好み焼きとよく冷えたビールで大阪の味を楽しむ人も多い。その後、すぐ近くの玉出西公園に移動する。午後七時三十分頃から「だいがく祭り」のフィナーレを飾る「だいがく音頭」が始まる。これに合せて「小型だいがく」に灯が入り、若者数十名が担ぐ。

とにかく、河内音頭のようなテンポのある太鼓の音と〝サーヤリーエー、ヨイヨーイ〟の掛け声に乗って雨乞い、五穀豊穣、家内安全、無病息災、天下泰平を祈願する「だいがく音頭」はだれでも体が自然に動き楽しくなるようだ。（藤江）

雨乞いのハッピ姿

◇所在地/大阪市西成区玉出２－１－10
電話06-6659-2821
◇交通/地下鉄四つ橋線玉出駅徒歩５分
◇時間/24日宵宮　午前９時～
25日本宮　午後１時～

7月24・25日【天神祭】大阪天満宮

大篝のそばを船渡御が行く

浪速っ子がつくる千年の夏祭り

日本三大祭の一つ天神祭は、学問の神様菅原道真を祀る大阪天満宮の祭礼だ。

昌泰四年（九〇一）、中傷により九州大宰府に左遷された道長が船待ちの間に立ち寄り、翌々年、配流の地で亡くなった縁りから、その約五十年後の天暦三年（九四九）に鎮座した。この道真の霊を慰めるため社頭の浜から神鉾を流し、その流れ着いた浜辺に祭場を設けご神霊を移してみそぎ祓いを行ったのが天神祭の始まりで、この時、船を仕立て神様をお迎えしたのが船渡御。

江戸時代、中之島周辺は各藩の蔵屋敷や豪商たちの屋敷が建ち並んでいた。天下の富の八割が集まった大坂で、町人の祭りとなった天神祭は繁栄のシンボルとなってますます盛んになった。

幕府政変で中止となったが、明治五年にお旅所を松島に移して再開した。

昭和十二年には船渡御に二百艘が出るほどの隆盛をみたが、残念ながら第二次世界大戦で中止となる。

昭和二十四年に船渡御復活。同二十八年には、コースを上流に変更して今日に至っている。

祭りは七月二十四日の鉾流し神事に始まり、翌二十五日の陸渡御をへて船渡御でクライマックスを迎える。

陸渡御は、天満宮の御神霊と御鳳輦《ごほうれん》、網代車、御羽車、玉《たま》神輿《みこし》、鳳神輿《おおとりみこし》の乗物にお移しして氏地巡りをする行事で、華麗、優雅な王朝風俗の行列がその特徴だ。

祭りの触れ太鼓は催太鼓《もよおしだいこ》で、豊臣家から拝領した直径一・五メートルの太鼓を真紅の頭巾をかぶった願人六人が打ちならす。本殿前でのからうすは勇壮だ。

第一陣、第二陣、第三陣の列は氏地巡りのあと船に乗り込んで祭りのハイライトの船渡御におもむく。

どんどこ船の鉦、太鼓が祭りの景気をかきたててゆき、同じ列外船の御迎人形船も、賑やかに祭り気分を盛り立ててゆく。大篝船《おおかがりせん》の焔が夜空を焦がす頃、打ち上げ花火の大輪が幾重にも開く。

その下を百艘を超す大船団が大川を遡上する。停止したままの舞台船では、お神楽、能、盆踊りが賑やかに繰り広げられ、御鳳輦船を中心に神輿船などが行き、文楽船、歌舞伎船、落語船などの奉納船が彩りを添える。

奉拝船は鯛船や市民船で、タレントなどの司会が賑やかさを増幅する。天神囃子も流れて光と音がライトアップされた大阪城の下にある川面に満ちあふれる頃、祭りはクライマックスとなる。

百数十万人の見物客は橋の上や川岸などに鈴なりになって、肌で浪速の祭りを感じ楽しむ。

無病息災、疫病退散、都市における祭りは、五穀豊穣の農村でのものとちがって華やかだ。

昔から大坂（大阪）の町衆がつくりあげてゆく「わてらの天神祭」。

これは浪速っ子の誇りの祭りでもある。（成瀬）

大阪の夜を彩る花火と篝の競演

◇所在地/大阪市北区天神橋２－１－８
電話06-6353-0025（大阪天満宮）
◇交通/ＪＲ東西線大阪天満宮駅、地下鉄谷町線南森町駅徒歩３分

7月24・25日【夏祭子供神輿】飛田新地

一九一八年（大正七）に形成され、遊廓として栄えた「飛田新地」。売春防止法施行後いったん町の灯は消えたが、今も約百数十軒の「料亭」が軒を連ね、賑わっている。この町の夏の風物詩として、一九六〇年（昭和三十五）頃から地域の子どもたちのために始まったのが、夏祭子供神輿だ。

子どもを交えた地域の人たち約百人が神輿を引き、神輿の上で小中学生が「〇〇さん（店の名前）繁盛～」と元気よく声を上げると、店のおねえさんたちから御祝儀袋が渡される。神輿は三時間半程かけて飛田の街を一巡する。（井上）

遊廓建築が並ぶ飛田新地内を神輿が一巡

◇所在地/大阪市西成区山王３丁目一帯
電話06-6641-9191（飛田新地料理組合・飛田連合振興町会）
◇交通/地下鉄御堂筋線・堺筋線動物園前駅徒歩10分
◇時間/正午頃～

7月27日【祇園祭あんどん神事】種河神社

種河神社は徳川時代初期に創建された村の鎮守。素盞嗚尊《すさのおのみこと》を祀り、この日は「祇園祭」と称して〃夏越《なごし》の大祓〃と〃茅の輪くぐり〃が行われ、同時に子どもの健やかな成長を願う〃あんどん神事〃が催される。

四百灯の献灯が並ぶ参道に数十軒の露店、境内に子どもが描いた絵の三百余のあんどん、巫女舞といった静かな祭りで、町内・近隣の団地からゆかた姿の人たちや幼児連れの若夫婦ら老若男女が集い、昔懐かしい村の鎮守の縁日を彷彿させるのどかな雰囲気である。（林）

あんどんの灯に誘われて茅の輪をくぐる

◇所在地/泉南市新家1087
電話0724-83-5041（茅渟《ちぬ》神社）
◇交通/ＪＲ阪和線新家駅徒歩20分
◇時間/夕刻～

船形神輿は紀州街道を堺の頓宮まで巡行する

7月30・31・8月1日【住吉祭・夏越《なごし》祓《はらい》神事】
住吉大社

幾重の物語を秘めた住吉の杜例大祭に沸く

住吉大社の例大祭「住吉祭」は七月第三月曜日・海の日の神輿洗神事《みこしあらいしんじ》に始まる。発輿祭《はつよさい》のあと住吉大社を出た神輿は午後五時、大阪南港・ATCオズ岸壁のお祓斎場に到着。大漁旗をなびかせた住吉漁協の奉迎船団が待つ中、大阪湾沖合で汲まれた海水で、八月一日に宿院頓宮《しゅくいんとんぐう》（堺市宿院）へ渡御する神輿を洗い清める。この夜、神輿は高灯籠《たかとうろう》の御旅所に一泊し、翌日住吉大社に還る。

江戸時代には今の高灯籠の近くまで海岸線が迫り、行事は神社の前、長峡の浦で行われていた。神輿洗いと一緒に海水で身を清め、この日の潮水を浴びると百病が治るという言い伝えや風習があり、住吉の御湯、潮湯、泥湯などと称し、近在から大勢の人が潮を浴びに集まって来た。『摂津名所図会』、『住吉名勝図会』などにその賑わいがうかがえる。

三十日、宵宮祭。神事は午後六時から第一本宮で行われる。午後五時頃、約二千の献灯に灯が入り、四百軒近い夜店が賑やかに店開きする。

三十一日、夏越祓神事《なごしはらいしんじ》、例大祭。

お祓いの起源は伊弉諾神《いざなぎのかみ》が黄泉《よみ》の国で受けた罪・穢れを祓

うため筑紫の日向の橘の小戸の檍原《あわぎはら》で禊祓《みそぎはら》いをした故事による（『古事記』、『日本書紀』）。住吉大神はその時に現れた禊祓いの神様。第一本宮に底筒男命《そこつつのおのみこと》、第二本宮に中筒男命、第三本宮に表《うわ》筒男命（三神を総称して住吉大神）、第四本宮には住吉大神に助けられ百済救援を行った神功皇后を祀る。社殿はすべて海（西）を向き、第四本宮の千木（鰹木）のみ祭神が女性であるため頂きが水平になっている。遣唐使たちも海の神・航海の神に守護を祈願し住吉の港から船出した。

神事の後、茅の輪をくぐり罪や穢れを除く

本宮の社殿はすべて国宝だ。

夏越祓神事で大切なのは茅の輪くぐり。茅草《ちがや》には強い霊力があり、これで身を祓うことによって今まで身体にあった罪や穢れを除く。

五月殿前に着飾った夏越女、楽人、稚児、金棒などとともに一般参拝者が並び、神職によって大祓の詞が奏上される。お祓いを受けた夏越女たちは列をつくり次々と三つの茅の輪をくぐり第一本宮へと向かう。一般参拝者はいただいた茅草で身体を浄め、三つの茅の輪をくぐり、罪、穢れを託した茅草を唐櫃に納める。続いて第一本宮で例大祭が行われ、参拝者が取り囲む中、神楽、住吉踊りなどが奉納される。

八月一日、神輿渡御（渡御発輿祭）。

昔は騎馬、輿、徒歩で紀州街道を堺の頓宮（御旅所）まで巡行したが、今は車列による巡行となっている。猿田彦、鎧武者、神官、鳳輦、神輿、唐櫃などは車上に、船形神輿は子どもと大人が「ベーラジャ」の掛け声とともに一緒になって曳く。

大和川の橋上で先発していた獅子舞・傘踊り・住吉踊りの一団と合流。ここからは堺市。神官、総代によって引き渡し式が行われ、曳き手の子どもたちが入れ替わって頓宮へと向かう。以前は神輿を担いで川を渡っていたが交通事情、水質の悪化などで今の形に変わった。夕暮れが迫る頃、お渡りの一行は頓宮へ到着、それぞれ下車し、舟形神輿のみ境内へ入り鎮座する。獅子舞など神賑行事の後、斎女《いつきめ》による桔梗の花の献花、神楽の奉納が続き、境内の飯匙堀《いいがいぼり》で荒和大祓《あらにごのおおはらい》神事が行われる。伝説によると飯匙堀は神功皇后が海の神から授かった潮干珠《しおひるたま》を埋めた場所とされ、大雨が降ってもこの空堀は水を湛えることはないという。

この三日間、神事以外にも平野地車囃子、住吉踊り、和太鼓演奏などさまざまな行事が神社境内で行われる。（河瀬）

参道の露店は夜遅くまで賑わう

◇所在地/大阪市住吉区住吉２－９－89
　電話06-6672-0753
◇交通/南海本線住吉大社駅徒歩５分
◇時間/第３月曜(海の日)・御輿洗神事
　午後６時～（大阪南港）
　30日・宵宮祭　午後６時頃～
　31日・夏越祓神事　午後５時頃～
　８月１日・渡御発輿祭　午後３時頃～10時

7月31日【堺《さかい》大魚《おおうお》夜《よ》市《いち》】浜寺公園

この日は住吉大社、夏の例大祭、本宮の日。堺大魚夜市はこれに由来する。すみよっさんは古来、海の神、漁業の神であったから、近隣の漁師たちはこぞってお供えを持ってきた。その〝お下がり〟を商うようになったものだという。鎌倉時代から続く一大イベントも戦後一時途絶えたが、昭和五十六年、堺青年会議所が復活した。炎暑の日中からさまざまな催しがあり、日が暮れる頃魚セリが始まる。「買《こ》うてやー」「安いでー」の声に飛ぶように売れてゆく。夜店、花火大会もあって、二十万人もの人出で賑わう。（松田）

夕涼み、浴衣姿も多い堺大魚夜市

◇所在地/堺市浜寺公園一帯
　電話072-265-3755（事務局・堺高石青年会議所）
◇交通/南海本線浜寺公園駅または羽衣駅、ＪＲ阪和線東羽衣駅、阪堺電軌阪堺線浜寺駅から徒歩10分以内
◇時間/午後１時～10時

8月

はづき

葉月

8月1日【教祖祭PL花火芸術】PL教団

驚異の約十二万発の花火

日本一の花火大会である。近鉄電車が古市駅を過ぎて、次の喜志駅にさしかかると、車窓から石川沿いの土堤や空き地のいたる所で人が西を向いて座っているのが見える。これが富田林駅周辺まで続いているのだから、花火見物の人気の高さが分かる。

怒濤の花火で大平和祈念塔が夜空に浮かび上がる

富田林駅から北西の花火会場に近い所を目指した。途中で多くの写真愛好家の人たちに出会う。三脚が並んでいる。大平和祈念塔が見える所では、国道沿いの歩道にも青いシートを敷いた花火見物客で溢れているので、早めに行って場所取りがいる。

この花火大会は、昭和二十七年から世界平和を祈願するPLの教祖祭の一環として開催が続けられてきた。当初から話題になっていたが、今やスケール、内容とも日本最大級である。何が凄いか、数字で見ると、打ち上げ花火数は約十二万発、他所の平均五～十倍の数である。花火師も約三百名を数える。

打ち上げ時間は午後七時四十五分から八時四十五分までの一時間。最初から最後まで、息つく暇もない怒濤の連続花火である。フィナーレは「終幕スターマイン」でナイターの野球場より明るく、十分間で七千発の花火が打ち上げられた。花火の打ち上げられる所が聖丘カントリー倶楽部のゴルフ場なので、相当な広範囲から見えるが、地元の人たちは、大平和祈念塔の西側の向陽台小学校辺りをすすめる。（藤江）

◇所在地/富田林市PL教団本部
電話0721-23-6625（渉外課）
◇交通/近鉄長野線富田林駅徒歩20分
◇時間/午後7時45分～

8月3日【お水まつり】泉殿宮《いづどのぐう》

貞観十一年（八六九）の頃、この辺りはひどい旱魃に見舞われた。建速須佐之男大神《たけはやすさのおおかみ》の御神輿が祇園八坂神社へ向かわれる途中当宮でお休みになられ、篤く雨を祈ったところ清泉が土中から湧き出たと伝わる。この時の水を喜ぶ童の姿が「泉殿宮《いづどのぐう》神楽獅子」の所作となって、お水まつりの神事になったといわれている。

祭りは九時頃の子供神輿に始まり、夕方五時頃から賑やかな地車囃子《だんじりばやし》、そして神楽獅子でピークとなる。アサヒビール工場と同水系の霊泉は、今も史跡として境内に残る。（小嶋）

吹田市地域無形民俗文化財の神楽獅子

◇所在地/吹田市西の庄町10－1
電話06-6388-5680
◇交通/阪急千里線吹田駅徒歩1分
◇時間/午前9時～午後8時半頃

8月4日【篝《かがり》の舞楽】四天王寺

四天王寺の舞楽は四月二十二日の「聖霊会舞楽」が特に有名だが、この篝の舞楽も大阪の夏の夜の風物詩として親しまれている。盂蘭盆会や千日詣の前夜祭の奉納舞楽として知られるが、本来は、短縮された聖霊会舞楽の一部を披露する目的で始められた。この日、伽藍内の講堂前庭に舞台が設けられ、四隅に用意された篝火が勢いよく燃え盛る中、雅楽演奏にのった優雅な所作の舞が古式ゆかしく繰り広げられ、見る者をいつしかひとときの幻想の世界へ誘う。（林）

篝火が燃え盛る中で行われる舞楽

◇所在地/大阪市天王寺区四天王寺1-11-18
電話06-6771-0066
◇交通/地下鉄谷町線四天王寺前夕陽ヶ丘駅徒歩5分
◇時間/午後7時～

8月9～16日【盂蘭盆会万灯供養《うらぼんえまんとうくよう》】四天王寺

万灯を集めて先祖を偲ぶ火の祭典

関西の家々のお盆は十三日の夕方、門口《かどぐち》でお迎え火を焚いてご先祖様の霊を迎えて祀り、十五日の夕、または十六日の朝に送る。

盂蘭盆の語源は梵語のウランバーナ（倒懸）で、逆さに吊るされる苦しみを救うという意味である。言い伝えによると仏弟子の目連尊者《もくれんそんじゃ》が神力で霊界を眺めると、亡き母が餓鬼の世界に陥ちて苦しんでいた。そこでお釈迦さまに救いの道を尋ねると、夏安居《げあんご》（雨期の一定期間、一室に籠って修行すること）のあと三宝（仏・法・僧）にお供養をするようにと教えられた。教えのとおりにすると、亡き母が餓鬼界から脱出して昇天した。そこから先祖の精霊を迎えて食べものや飲みものを供えてもてなすお盆の行事が始まったといわれる。

四天王寺では、お盆行事のひとつとして、九日の日没より十六日まで万灯供養が行われる。お参りの人はろうそくを求め、先祖の霊名を書いて廻廊の内に入ると、五重塔と金堂を中心に燈明棚が設けられていて、係りの人に渡して供えてもらう。暮れなずむ頃、約一万本のろうそくがさかんに炎を上げ、夜空に塔が浮かび上がり見事な眺めである。廻廊の屋根に月がのぼる頃が特によい。

期間中、六時半頃から数度、僧侶による法要がある。伽藍に響く読経の声、やがて僧侶が読経しながら灯火の間を巡拝する。お参りの人も和して後に続く。ろうそくの熱気で熱いけれど、心地よいひとときである。法要の時間は日により変わるが、九日と十五日には管長猊下ご親修の法要がある。また、九日、十日は「千日まいり」で、この両日にお参りすると、一日で千日間お参りしたと同じ観音様の功徳があるとされ、六時堂で法要が行われる。（交野）

炎のゆらめきと読経の声がひびく

◇所在地/大阪市天王寺区四天王寺１-11-18　電話06-6771-0066
◇交通/地下鉄谷町線四天王寺前夕陽ヶ丘駅徒歩５分
◇時間/日没より

8月11・12日【大阪薪能】生國魂《いくたま》神社境内

発祥は約四百六十年前

豊臣秀吉の大坂城築城以前にさかのぼる天文十五年（一五四六）に上方芸能発祥の地「生國魂神社」で能が演じられた記録があり、この故事にならい昭和三十二年八月から「大阪薪能」が催され今日に至っている。

生國魂神社はかつて現在の大阪城周辺にあったが、築城にあたって現在の場所に移された。その後、幾多の災禍に遭い、昭和の第二次世界大戦では全域焼失の難を受けながら、十一年目にして鉄筋コンクリートの社殿をはじめ大復元が成った。

翌年から始まる薪能であるが当時は全国でも何カ所というほどしかない時代であり、設立までにかなりの紆余曲折があったようだが「大阪薪能第三〇回記念」の記録を見ると、行政、能楽協会、神社側とそれぞれ高い理念を持っている。基本方針として、大阪市の年中行事に加える。能楽普及を目指して高品質な舞台を低料金で。第一回の入場料は一人二百円であった。現在も当日券三千五百円は奉仕といえよう。

当日は拝殿前の特設舞台を囲んで二千の椅子席が用意され、関係者のほかにも大学謡曲部の学生や能楽愛好者による案内係がきびきびと迎えてくれる。少し時間に余裕を持って行けば席をとったあと広い境内にある井原西鶴の坐像や、上方落語の祖、米沢彦八の碑などを巡りまた歴史の散歩道「生玉の杜」を歩くのもよさそう。お楽しみ茶室も用意されている（有料）。

ここでしかないおみくじは、生玉人形のミニチュア版。「生玉人形」は昭和初期まで参道で売られていて、大名や武士、彦八など七種類あり、大阪の名玩具として愛されていた。本来の人形の復活を望む声も高いという。（小山美）

篝火に映える能舞台（写真提供生國魂神社）

◇所在地/大阪市天王寺区生玉町
電話06-6771-0002
◇交通/地下鉄谷町線谷町九丁目駅徒歩５分
◇時間/開演　午後５時（１時間前に開場）

8月14日【葛城おどり】弥勒寺境内

復活継承した府指定無形民俗文化財

昔（多分、江戸時代から）和泉山脈の高峰・葛城山頂で奉納されていた雨乞い踊りの一種だが、いったん途絶えていたのを昭和三十年、塔原地区の人たちが復活させて現在に至る。当日は塔原の弥勒寺境内で行われるが、弥勒寺は普段は無住の寺、そして寺とこの踊りとの関係はない。復活した時、弥勒寺境内を借りて始めたのである。

本来あった和泉葛城山頂の八大竜王を祀る石の宝殿・高おがみ神社では麓の五集落の人たちが奉納したといい、踊りは、全十一曲ばかりあったらしい。しかし現在継承されているのは〝大山おどり〟と〝車山おどり〟の二曲のみ。踊りといっても輪になって踊るのではない。

着飾った小学四年生の男子数人の踊り子は、兄貴分に当たる青年が膝をつき、中腰で支える太鼓を撥《ばち》で打ちつつ舞う。後方には踊りの采配を振る新発意《しんぼち》音頭方・囃子方・笛方などの大人たちがたむろして囃す。いずれにしても地味なもので、踊りというよりは神楽に近い印象を受ける。それが古拙を感じさせるともいえる。

夕刻といっても午後四～五時頃から始まり約三十分程で終了となる。もっと長くやってほしいと言われても無い袖は振れないし、これくらいでいいかなという気もする。後継者育成の苦悩がある。

雨天の時は葛城上地区公民館で踊る。平成五年、大阪府の無形民俗文化財に指定された。バスの便は一日一往復で、踊りを見ていたら帰れない。車かタクシーだ。

隣接する貝塚市蕎原には、廃校を活用した森林組合経営による日帰り、宿泊も可の天然温泉「ほの字の里」がある。観覧のついでに寄るのもよい。（藤嶽）

雨天のため公民館で踊る

◇所在地/岸和田市塔原（弥勒寺境内）
電話0724-23-9688（岸和田市教育委員会）
◇交通/南海本線岸和田駅、またはＪＲ阪和線東岸和田駅からバス塔原徒歩3分
◇時間/午後４時頃（要確認）

お盆のあとの日曜【萬燈会供養《まんとうえくよう》】犬鳴山七寶瀧寺《いぬなきさんしっぽうりゅうじ》

真言宗犬鳴派本山である同寺は古来、葛城修験道の本拠でもあり、これまでの先師尊霊が山々に住しているとする。それと各家の先霊を慰める年中行事。

ホラ貝が朗々と鳴り響く中「柴燈大護摩供《さいとうだいごまく》」。山伏十数人がしずしずと祭壇に入場。正面以外の三方を参拝者が囲む。周囲の山からはヒグラシの鳴き声。願文が唱えられて柴燈に着火。炎は悪霊を焼き尽くすように燃え上がる。同時に参会者全員が各家の先祖を慰める「ろうそく萬燈供養」。終了後、軽い余興もあり、張りつめていた空気がなごむ。（松田）

暮れなずむ中に行われる

◇所在地/泉佐野市大木８
電話0724-59-7043
◇交通/南海本線泉佐野駅、ＪＲ阪和線日根野駅からバス犬鳴山徒歩20分
◇時間/午後６時～
※アドバイス/終了後、山道の参道をバス停まで歩くなら懐中電灯が必要だが危険。バスは最終が午後10時台までである。車で行くのが無難。

8月18日【太閤祭】豊国神社

「豊臣秀吉公・秀頼公・秀長郷」を奉祀する豊国神社は、明治十二年に大阪中之島字山崎の鼻（現在の中央公会堂地点）に建立された。以後大正・昭和の変遷と大阪市の都市開発に伴い、昭和三十六年一月秀吉公ゆかりの大阪城内（二の丸）に中之島より奉遷された。

太閤の業績を顕彰するために神社関係者・氏子衆によって荘重にして厳かに祭事のみ行われている。大阪城を目前に望む絶好の場所だが、陽気で派手好き庶民的な浪速の太閤さんのイメージを彷彿とさせる催事ではない。（桑原）

開運の篠輪（しのわ）

◇所在地/大阪市中央区大阪城２－１
電話06-6941-0229
◇交通/地下鉄谷町線谷町四丁目駅または天満橋駅徒歩10分
◇時間/午前９時～午後５時

8月23日【大施餓鬼会《だいせがきえ》船渡御《ふなとぎょ》】伝法山西念寺

涼を呼ぶ淀川河口の船渡御

　真夏の太陽がジリジリと照りつけるもと、小舟が八隻船団を組んで緩やかな流れの真ん中に進んでいく。ここは淀川の河口。両岸の工場や建物が遠くにかすみ、潮の香りが漂ってくる。伝法山西念寺の「大施餓鬼会」は水の都大阪にふさわしく、「船渡御」（流潅頂川施餓鬼《ながれかんじょうかわせがき》）でいよいよ本番。

　棹《さお》の先端に高々と掲げられた五色の吹流しが、勢いよく風にはためく。先頭の船に飾られた大きな赤い日傘の下で、僧侶たちの敬虔《けいけん》な祈りが続き、信者たちも両手を合わせて、先祖への供養を捧げた。板に戒名を記した卒塔婆や紙に描いた仏画が流され、波間に漂い、やがて川底に吸い込まれていく。白日に幽玄の冥界をみているようである。おびただしいうなぎも川に放たれて、善根を施された。

　この盛儀の水上ショーに先立って、伝法大橋の近くにあるお寺の本堂では、大勢の信者が詰め掛ける中で、正午から約一時間半にわたり法要が厳かに営まれた。山伏姿の修験者も出仕して、神仏習合の名残りを止めている。この後で「陸渡御」に移り、ホラ貝を先導に旗を立てた一行は、威儀を正した僧侶たちを囲んで町内を練り歩き、辺りを祓い清めた。程なく小さな船だまりに着き、船団に乗り移って、細い水路を通り、淀川本流へ——。

　船渡御は天満宮の天神祭がよく知られているが、こちらも起源は古く、弘法大師発願の祭事という。水を司る竜神信仰と結びついて船渡御が行われ、中世には隆盛を極めた。淀川は京・大坂（大阪）をつなぐ要衝にあり、北前船をはじめ諸国の廻船が集散して賑わった。「商売繁盛、航海安全、開運招福を願って、多くの善男善女が参詣し、法灯は今まで絶えたことがない」と中川泰伸住職は語っている。（栩）

吹流しが威勢よくはためく

◇所在地/大阪市此花区伝法５－７－４
電話06-6461-5602
◇交通/阪神西大阪線伝法駅徒歩５分
◇時間/午後２時～３時半

8月23・24日【八尾地蔵盆踊り】常光寺

スローテンポの河内音頭

正式には「山門施餓鬼会」というらしいが、要するに盛夏に八尾の古寺で行われる地蔵盆踊りである。常光寺の盆踊りは、六百年の歴史を持つ中河内の地蔵盆踊りの代表格の一つといわれる。

商店街の一角、山門を入ると左手に「河内最古之音頭発祥地」の石碑がある。元文部大臣塩川正十郎書とある。河内音頭発祥に関しては諸説あり、本場河内の盆踊りの音頭は「うちが本場・正調や」と、ややオーバーに言えば、盛夏に八尾市内で開催される百カ所の盆踊りに百の正調があるといわれるくらいだ。その中で常光寺の河内音頭の特質をあげればスローテンポである。

寺伝によれば、南北朝時代、地蔵堂が荒廃していたため、室町・至徳年間、足利義満が祈願所として伽藍再建を志したとき、木材を運ぶ道中で唄われた木遣り「流し節」が音頭の原流と見なすと。

平成八年には、環境庁の「残したい、日本の音風景一〇〇選」に選ばれた。

常光寺は奈良時代初め、聖武天皇の勅願で、行基菩薩の創建と伝える。以後何度も戦乱に見舞われている。

江戸時代の初め元和元年（一六一五）大坂夏の陣の中心地となり、藤堂高虎がこの寺の廊下で長曽我部家臣の首改めをした時の血染めの板天井や、その時討死した七十一士の墓がある。等身大の木彫立像の地蔵は伊勢の関、大和の矢田と並んで「八尾の地蔵」と崇拝されてきた。安産の霊験あらたかという。

樹齢六百年と伝える銀杏の大木がある境内庭園で、古風な流し節に乗せて舞う地蔵盆踊りである（藤嶽）。

木遣り流し節が源流と伝える

◇所在地/八尾市本町5－8－1
電話0729-22-7749
◇交通/近鉄大阪線八尾駅下車徒歩5分
◇時間/両日とも午後7～9時正調河内音頭、9～11時新河内音頭

8月24日【がんがら火祭り】

五月山愛宕神社から市内へ

ご神火、松明が愛宕神社から山を下る

大松明に託す天・地・人の調和

池田は西国街道と能勢街道が交わる町。江戸時代は宿場町として、また物資の集散する市場町としても賑わい、町人たちが文化の華を咲かせていた。「がんがら火祭り」はそんな町の町衆の力を集めて伝え継がれてきた祭り。巨大な松明が「火難除け」「家内安全」を祈って、半鐘や八丁鉦をガンガラガンガラ鳴らしながら町を練り歩く。まだ残暑厳しい八月二十四日、町のどこからでも見える五月山の中腹に祀られる愛宕神社と古い町並みを舞台に繰り広げられる祭りである。

　愛宕神社は氏神でもある佐伯部《さへきべの》祖《そ》神大神《しんのおおかみ》と火之《ほの》迦具《かぐ》土《つちの》神《かみ》、武甕槌命《たけみかづちのみこと》を祀り、古くから信仰を集めていたようだが、がんがら火自体の歴史は定かではない。江戸時代の初め、町が大火に見舞われた後、火災をまぬがれた大工や火消したちが始めたともいい、大松明を担ぐ若者たちが大工衣裳を身につけているのは、その大火の折、火を鎮めたのが大工たちだったから、それを称えてこの衣裳になった……とも。

　この日の昼、神社の広場に組まれた護摩壇の前で山伏たちの山伏問答があり、その後、大護摩が厳修される。護摩火は夏の陽射しを遮ってしまうほどの煙。人々の祈りを込めた護摩木が山伏によって次々と投げ入れられていく。

カナカナが鳴いて晩夏の気配知る夕暮れ、愛宕神社の本殿で火難除け、家内安全、そして祭りの無事を祈る祝詞が奏上され始める。玉串が奉納され、松明点火の段。担ぎ手たちが見守る中、大護摩の残り火を種火にしたご神火が拝殿におろされ、城山町から運ばれてきた二本の松明に移される。

カンカンカン……鉦が鳴る。互いの気合いを確認するように「行こかーっ」と誰かが叫ぶと、「ワーショッイ」といっせいに声があがる。坂道を下り、途中、山腹に準備されている「大」と「一」の二文字に点火。この時、ここから少し東の大明ケ原にも建石町の人たちによって「大」の字が燃え上がる。この瞬間を待っていた人たちの歓声が上がる。

町に下り着くと、綾羽町の伊居太神社の近くで待ち受けるさらに二本の松明に火を移す。大松明はここで計四本。二本を一組として「人」形に組み合わせ、その形で町を練るのである。二本の松明が和合して「人」になるのだという。が、重さおよそ八十キロ、長さ四メートル近くもある大松明を「人」型に組み合わせて歩くのはなかなか大変。四十人程の若者たちが揃っていても力だけではダメで、呼吸が合わないと、すぐに崩れてしまう。指揮官のさばきのウデも見どころだ。人々は松明の燃えがらを火難除けのお守りに拾って持ち帰るのである。ガンガラ、ガンガラ……打ち鳴らす半鐘の音が夜遅くまで池田の町に夏の終わりを告げていく。

松明は七月の初め頃から三週間ほどかけて作られる。心棒になる青竹の周りに松の根の木片一枚ずつを荒縄で縛り付けていく。古老の指導に真剣な顔つきで松明を仕上げていく若い衆たち。「地域」が世代を越えて人をつないでいる。

ちなみに「大」は天、「一」は地、そして松明を「人」型に組むことで「天・地・人」の調和を示しているという。家内安全は周囲との調和の中にあるということだろう。（西本）

大松明は「人」型に組み合わされる

◇所在地/池田市五月山20
電話0727-51-1019
◇交通/愛宕山は阪急宝塚線池田駅徒歩30分。がんがら火等の巡行は駅周辺
◇時間/大護摩：午後0時30分～
がんがら火祭り：午後7時～

8月27・28日【南御堂盆おどり】南御堂

大阪の盆踊りの総仕上げ

大阪の動脈・御堂筋の中央部に南北二つの御堂さんがある。御堂さんがあるから「御堂筋」だが、御堂筋にあるから御堂さんですと、主客転倒の説明をする者もいる。

御堂さんの屋根が見えるところで商いをするのが、なにわ商人の誇りであった。ビルが多くなって「それは昔ばなし」であるが大阪市の真ん中であることは間違いなく、一九五一年、南御堂が戦災復興を遂げたことを記念して始められたのがこの盆踊りである。大阪の中央部である立地条件の良さ、御堂さんの境内という雰囲気、プログラムの多様さ、ビジネス街だからギャラリーも多い。

踊りは午後六時四十五分から提灯櫓を取り巻いて真宗の大阪別院らしく「恩徳讃」「蓮如音頭」など十五分ほどあって、七時から日本民謡研究会や同好会の面々のリードによって「江州音頭」「花笠音頭」「炭坑節」「郡上おどり」など全国の踊りを繰り広げてゆく。日本列島の有名な踊りや古今東西のよく知られた音頭を網羅し、テレビ局が協賛ゆえ歌手も登場する。踊りの輪が幾重にも広がってゆく。両日で数千人が集まる大阪で最大の盆踊りとなる。

踊る人たちに聞くと「夏の最後、今年の盆踊りの総仕上げ、踊りおさめですわ」と言う。各地で踊り抜いた練達の人たちが、技はもちろん、衣装や化粧まで凝って見せるクライマックスの舞台でもあるらしい。若いタレントグループの飛び入りもあるところが大阪らしい。河内音頭宗家初音家秀若さんの「河内音頭」で最高潮となる。周辺には屋台も出るし、ビル街の老若男女相寄り、相踊りといったコミュニケーションの輪が、夜が更けるにつれて高潮してゆくのがいい感じである。（藤嶽）

今夏踊りの総仕上げと張り切る

◇所在地/大阪市中央区久太郎町4－1－11
電話06－6251－5820
◇交通/地下鉄御堂筋線、中央線本町駅徒歩3分
◇時間/午後6時45分〜

8月30・31日【河内音頭まつり】八尾市

八尾市で有終の河内音頭盆踊り大会

春彼岸の頃になると体がムズムズして、夏が近づくと勝手に踊りだすのだそうだ。毎年参加しているというハッピ姿も凛々しいおばちゃんは「河内音頭が体に住み付いてんねん」と破顔で豪快に笑い飛ばす。そして、小さな声で「長生きのひ・け・つ」と言うと踊りの輪の中へ入って行った……。

老若男女が参加するフィナーレ

三十日は、午後三時から市役所前でオープニングセレモニー、三時半から音頭とり十六組による河内音頭一色の町中パレードが六十四参加団体によって賑やかに行われる。

三十一日は、午後三時から軽快な河内音頭の太鼓リズムと独特の歌声が八尾高校グランドに響く。これを合図に、あちこちから人々が集まって来る。早速、木陰で踊り出す人や体を前後左右に動かしている人もいる。太陽が西に傾くと、櫓の周りでグループ毎のお揃いのハッピ姿や浴衣姿の人たちが一心不乱に踊る。そして、日暮れから河内音頭の競演が始まり〝熱気が沸騰〟する雰囲気だ。午後七時過ぎからは各団体の「河内音頭やぐら踊りコンテスト」も行われ、その後は一般市民も参加して一気に最高潮に達する。老若男女が酔い痴れて踊り、民衆の心意気と汗が、蒸し暑い夜の九時半頃まで弾ける。

河内地区夏最後の「八尾河内音頭まつり・大盆踊り大会」は平成十六年度で二十八回目を迎えた。昭和五十二年に始まったのだが、元来、河内音頭に秘められたこの地域の風土と人間模様が、幾多の小説、映画、音楽、演劇によって伝えられてきた。これからも「伝統と民衆」に支えられ、愛されて伝承されていくことだろう。（藤江）

◇所在地/八尾高校グランド
　電話0729-94-5741（八尾河内音頭まつり振興会事務局）
◇交通/ＪＲ大和路線八尾駅、近鉄大阪線八尾駅徒歩20分
◇時間/午後３時～

情報ファイル

●「えーえん、さぁあては～、一座の皆さまへ～」

各地の盆踊りでお馴染みの河内音頭だが、よく聞くと唄い出しが見出しの「えーえん」の他に、「いーや、どっこいせー」で始まるもの、間の手も「よいと、よいやまか、どっこいせーのせー」や「えんやこらせぇー、どっこいせー」などいろいろある。北河内では音頭取りが「いーや、どっこいせー」と唄い出すと、踊り手が「いーや、なんじゃいなー」と受ける。

テンポも河内音頭のルーツといわれる八尾の常光寺の音頭は、「八尾の流し」と呼ばれるゆったりしたテンポだが、これに対して各地で知られる河内音頭は、新河内音頭と呼ばれるリズム感のある浪曲調が多い。

河内音頭も時代とともに変遷を遂げてきた。

現在の河内音頭は、江戸時代中頃に河内国交野郡で生まれた義太夫節の文句に節付けした「交野節」と、滋賀県犬上郡で生まれた経文に面白い節を付けて手踊りを加えた念仏踊りから発展した「江州音頭」が原型とか。これに明治から大正時代にかけて流行した浪曲の「関西節」や、交野節の音頭取り歌亀が考案した口説（詞）も節付けも自由に変化させて唄う「歌亀節」、昭和初期に大阪・平野の音頭取り初音家太三郎が歌亀節に独特の工夫を加えた「平野節」などが取り入れられた。さらに昭和三十年代に鉄砲光三郎が「民謡鉄砲節・河内音頭」と銘打ったレコードを出して大ヒット、鉄砲節＝河内音頭として全国に知られるようになった。

これらを基に発展したのが現在の河内音頭だといわれ、その流派は地元河内では百派千人あるともいわれる。

伴奏も三味線と太鼓にエレキギターやパーカッションなども取り入れられ、マンボやサンバ、レゲエなどのリズムで歌い踊る河内音頭もある。いまもなお、日々変化している河内音頭だからこそ、子どもから若者、中高年者までが楽しめるのかもしれない。

大阪の夏の夜は、ちょっとした広場があるところ河内音頭の盆踊りの輪ができる。（林）

長月

9月

ながつき

9月2日前後の日曜【蛸座】夜疑《やぎ》神社・中井宮座

奈良時代より以前、この地を治めていた八木一族が祖神を祀ったのが夜疑神社の起源とされる。以来中井村の氏神さまとしてその血縁関係の人たちによって宮座が組織され、長老が神主をつとめてきた。明治になって神官が派遣されるようになり、八木郷の総氏神として氏子地域も広くなったが、宮座の遺風は今も守られていて、正月の餅座から十月四日の湯立てまで、種々の行事があり、その服装も決まっている。

九月の蛸座は神社の境内清掃のあと、タコ酢、かも瓜、里芋などの料理と西瓜で宮座上位の十六人衆をもてなし、祭礼などの話し合いをするが、一般に公開されていない。

その組織は、年寄座に一老、六人衆、十人衆、その下に歩き（世話係）二人、田作り（必要物品の調達）二人がいて、毎年順次昇格する。神社の建物を借りて行うことが多いが、直接の関係はない。宮座の遺風は近畿地方に多いという。（交野）

◇所在地/岸和田市中井町2－7－1
電話0724-45-2191
◇交通/南海本線忠岡駅徒歩20分
◇時間/行事により異なるが、蛸座は午前10時～

9月第1土・日曜【彦八まつり】生國魂神社

上方落語家が行う富くじ

上方落語さらなる発展を願って

元禄時代、大坂（大阪）・生玉神社社頭で辻咄《つじばなし》の興行をして大変人気があった米沢彦八（元禄～正徳）。

宝永七年（一七一〇）に出された浮世草子の挿絵にも彦八が「浮世しかた物まね米沢彦八」と書かれた看板の下で熱演しているものがある。

上方落語の祖といわれるこの彦八の名を後世に残すため、その碑をゆかりの地に建てようという想いが故五代目、六代目笑福亭松鶴父子の胸にあった。

師匠の亡き後、その遺志を継いだ弟子の笑福亭仁鶴ら一門が、平成二年に生國魂神社の境内にその碑を建立した。

これをきっかけに翌三年から始まったのがこの「彦八まつり」。

上方落語家が一堂に会し「扇納祭」「種々の芸能の奉納」「落語家おもしろ屋台」を柱に一般参加の企画も加え、上方落語ファンはもとより一般府民とも身近なところで交流を深め、上方落語を広くアピールし、さらなる発展と後世への継承を目的とする祭りだ。

人気は、上方落語協会のメンバーが境内で開くたくさんの屋台店と催しだ。

おなじみの落語家の屋台が並び、そこでおいしいものを食べたり、いろんなイベントを楽しんだりして落語家との交流ができる。

参集殿では両日午後一時半（昼の部）と五時（夜の部）から奉納落語会もあって、ここでは本業の上方落語がたっぷり楽しめる。

上方落語「高津の富」にちなんで豪華賞品があたる福引もある。

芸能文化が根深い大阪にふさわしい祭りだ。（成瀬）

落語家おもしろ屋台の賑わい

◇所在地/大阪市天王寺区生玉町13－9
電話06-6771-0002
◇交通/近鉄上本町駅・地下鉄谷町線谷町　九丁目駅下車
◇時間/午前11時頃～午後９時頃
◇問合せ/上方落語協会、彦八まつり実行委員会
（電話06-6644-3619）

9月12日直前の金・土・日曜と12・13日

【八朔祭《はっさくさい》】開口神社《あぐらじんじゃ》

さぁー、行くゾッ！　ふとん太鼓出発！

泉州の秋祭りの幕開きを告げるふとん太鼓

「八朔」とは旧暦八月一日のこと。この日に台風の無事の通過を願い豊作を祈る祭りを八朔祭という。祈りの形は地方や神社によってさまざまであるが、開口神社では実に華麗な「ふとん太鼓」が繰り出し、泉州に豊かな秋を招来する。ただ、近年はふとん太鼓の担ぎ手が少なくなり、担ぎ手が集まる九月十二日直前の金・土・日にふとん太鼓が行われる。

ふとん太鼓とは、巨大な屋台の上に朱色の座布団を五層に積み上げ、その下でかわいい乗り子の少年たちが賑やかに囃す。神様はその座布団の上に休まれるのだという。高さ五メートル、全重量は三トンはあるという屋台を五十人前後で担ぐから単純計算しても六十キロが一人の肩にかかってくる。若者たちの足もとはその重みに耐えられないみたいで、フラフラとおぼつかない。年配の担ぎ手ほど足取りは確かだ。なにしろ肩から首筋の筋肉が違う。

そんな屋台が四台（芦原濱、新在家濱、大南戸川、大甲濱）、開口神社の境内に九月第一金曜日夕方に次々と入って（宮入）来て、翌日またそれぞれの町内へと帰って（宮出し）行く。戦前は十二台もの屋台があったという。

二日目の夜、再び宮入。この時が祭りのクライマックス。神社の前で屋台同士が練りあい、ぶつかりあいの後に一台ずつ宮に入ってくるのだ。屋台に「濱」の字が入っているのはかつてこの辺りが海に近い地であったことを語っている。

堺の人々が「大寺はん」と親しみをこめて呼ぶ開口神社。天平時代、僧行基がここに大念仏寺を建立し、以来、明治の神仏分離令で仏閣が取り壊されるまで寺僧が社務をとっていたからだ。寺はなくなったが呼び名とふとん太鼓は大切に熱く伝え継がれている。（西本）

大団扇で景気づけをする女の子たち

◇所在地/堺市甲斐町東２丁１-29　電話0722-21-0171
◇交通/南海本線堺駅から徒歩15分
◇時間/１日目：宵宮祭：午後５時30分～
布団太鼓宮入：午後７時頃～午後10時頃
２日目：布団太鼓宮出し：午前11時～
渡御祭：午後１時～
渡御出発：午後１時30分～
布団太鼓宮入：午後７時頃～午後10時30分頃
３日目：布団太鼓宮出し終了：午後３時頃
９月12日午前10時：例大祭
９月13日午前10時：田実神事

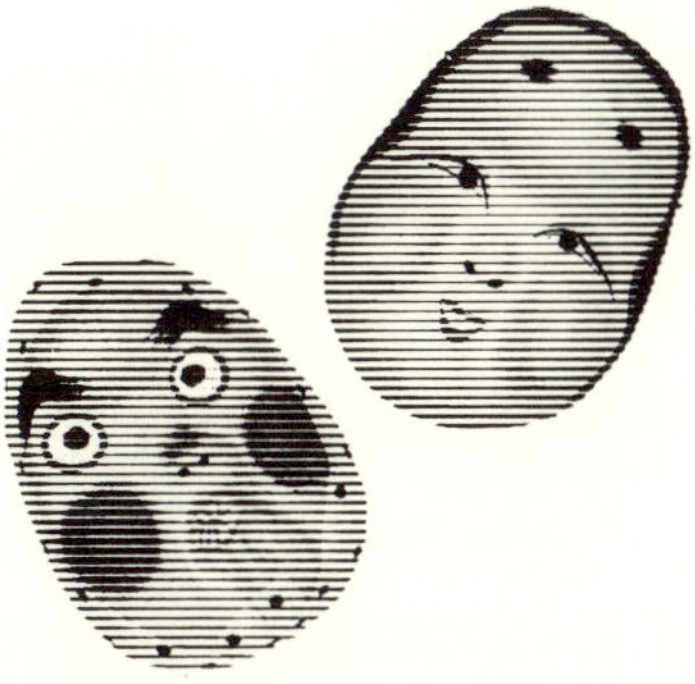

9月第2日曜前後【西鶴忌】誓願寺

浮世の月見過ごしにけり末二年

この句を残して井原西鶴が死んだのは元禄六年（一六九三）八月十日。五十二歳だった。生まれも育ちも生粋の大坂人で、大阪上本町五丁目の誓願寺に墓がある。

一九六五年、墓参した川端康成が、ポツンとたつ西鶴の墓を見て「大阪の偉大な作家がこんなことでは寂しいじゃないか」と言ったことを受けて川端の弟子の枡井寿郎さんを発起人として、西鶴忌は始まった。墓参の後、本堂で法要。そのあと内容は年によって違うが、講演や詩吟、朗読等が二時間ほどある。

参列に申し込みは不要。当日誓願寺に行けばいいのだが、それにしても西鶴ファンがこんなにいるとは、と思うほど大勢の人で会場はいっぱいになる。さすがに大坂（大阪）が生んだ大作家を偲ぶ集いだ。川端康成も満足していることだと思う。（西本）

西鶴ファンが集う誓願寺本堂での法要

誓願寺墓地にある井原西鶴の墓

◇所在地/大阪市中央区上本町西4－1
電話06-6761-6318
◇交通/地下鉄谷町線谷町九丁目駅徒歩7分
◇時間/午後2時～

9月14・15日【秋季例大祭】誉田八幡宮

夕闇の中で行われる古式豊かな祭り

例大祭を町中に知らせ、盛り上げるのは、最近、人気の地車《だんじり》である。十五日も朝から誉田八幡宮周辺を、四つ町（馬場町、鍛冶町、王水町、西之町）の自慢の地車が練り歩き午後に誉田八幡宮に宮入する。

御祭神の渡御（放生橋）

クライマックスは、日が暮れた午後七時半頃からの、三つの御祭神（応神天皇、仲哀天皇、神功皇后）の神輿が、応神天皇陵へ渡御する神事であろう。鎌倉時代末期建造の現存する放生橋を渡る時、夕闇の中でほのかな光に輝く黄金色が消えていく様は、古式な厳かさが感じられる。古くは御陵の後円部頂上まで神輿が渡されていたが、今は御陵の外堤まで。

応神天皇陵は前方後円墳としては最大級のものである。

誉田八幡宮の建立の由来は、応神天皇ゆかりの地に、第二十九代欽明天皇が八幡大菩薩（応神天皇）を勧請した時とされている。歴代の天皇は一代に一度の誉田八幡宮に行幸を定めた。八幡大菩薩（八幡神）は文武両道の神として全国に信仰が広がり、源氏も代々氏神として崇敬した。

また、誉田八幡宮周辺は古代河内王朝の御陵も多く、聖徳太子ゆかりの寺もあり、飛鳥時代には「難波より京（飛鳥）に至る大道」の竹内街道沿いで、政治と文化の要衝の地でもあった。（藤江）

◇所在地/羽曳野市誉田３−２−８
電話0729-56-0635
◇交通/近鉄南大阪線古市駅徒歩15分
◇時間/「御渡りの儀式」午後７時〜

9月14・15日【岸和田だんじり祭】岸城神社他

勇壮華麗なやりまわし（写真提供テレビ大阪）

勇壮、華麗な地域の祭

元禄十六年（一七〇三）、岸和田三代城主岡部長泰が岸和田城三の丸に京都伏見稲荷を勧請したことに発する。この時、長持ちに車をつけたような「だんじり」が城内に入り、神楽獅子やにわか芸などとともに殿様のごきげんをうかがったことにこの祭りが始まったといわれる。

「五尺に二尺五寸の車付き壇尻」に太鼓打ち一人が乗り、その上で神楽獅子を舞いながら城内の三の丸に奉られた稲荷神社に詣で、町々を練り歩いたそうだ。

五穀豊穣を祈り、収穫をともに祝うことから始まったこの祭りは、今もなお人々の心に流れる「地域」を結びつけるものとして伝承されている。

この時期、岸和田生まれの若者は各地からこの祭りのためにふるさとに帰ってくる。子どもから大人まで自分の町のために団結して綱を曳くのだ。

各町ごとのだんじりには、故事にならった見事な彫り物がある。それにそれぞれの特徴を持つ町旗、幟を立て、そろいのハッピを着た数百人に曳かれて城下町を駆け回るさまは、まさに勇壮、華麗な祭りだ。

とりわけ、曳行コースの辻を直角に曲がる「やりまわし」に見せる心の一致は、大屋根の上でみごとで華麗なうちわさばきをする大工方の合図によって、はっきりと現れる。曳き手、前梃子《てこ》、後梃子、観覧者が一体となって興奮と緊張が極限に達する。

岸和田を愛する人たちのエネルギーが祭りの日に爆発する美しさを見て、感動と興奮を味わってほしい。

また、岸和田最古のだんじりや祭りについての豊富な資料がある岸和田だんじり会館にも、ぜひ立ち寄ってほしい。

ここには江戸時代の城下町を再現してあり、祭りの情景を大型マルチスクリーンの大迫力で見ることや、だんじりに乗っている雰囲気が味わえる3Dシステムがあって、岸和田だんじり祭が体験できる。（成瀬）

◇所在地/岸和田市内、岸和田地区、春木地区
岸和田市観光振興協会（だんじり会館内）電話0724-36-0914
◇交通/南海本線春木、和泉大宮、岸和田、蛸地蔵下車
◇時間/14日午前６時～午後10時
15日午前９時～午後10時

情報ファイル

●だんじり豆知識

◎大工方　走るだんじりの大屋根でリズミカルに踊る若衆のこと。両手を広げて片足で立つ「飛行機乗り」や跳び上がって体の向きを変える「二変飛び」など必見だ。

◎やりまわし　勢いよく、街角を直角に曲がること。ブレーキの働きをする左右の前梃子《てこ》と、かじをとる後梃子のタイミングが難しく、腕の見せどころといわれる。

◎お囃子の太鼓　速く走る「きざみ」と呼ばれるリズム、やりまわしのときの駆け足程度のリズム、歩いて曳くときのリズム、止っているときの遅いリズムの四つがある。

◎曳き出し　十四日の午前六時から一斉に各町のだんじりが繰り出すこと。勢いがあり豪快な場面が見られる。

◎宮入　岸城神社・岸和田天神宮・弥栄神社で行われる最も重要な神事。岸城神社のコナカラ坂のシーンは圧巻。

◎灯入れ曳行　午後七時から十時まで、約二百個の提灯で飾られただんじりが曳行される。昼間の「動」に対し、雅やかな「静」のだんじりも見ものだ。（林）

9月15〜25日【萩まつり】東光院

咲き乱れる萩と俳句、大護摩

東光院の境内が萩の花で埋まるこの時期、毎年、萩まつりが行われる。「萩まつり道了祭《どうりょうさい》」という。

期間中の行事は多く、十五日には「大茶会」、二十日には「子規忌へちま供養」「萩の四季俳句会」などがある。

〝へちま〟は正岡子規の命日「糸瓜《へちま》忌」から。大書院では著名な軸や屏風を飾り、献笛、箏曲奉納、野点などもある。

「萩の寺」として親しまれる当院は、正岡子規ゆかりの寺である。日清戦争の従軍記者として中国へ渡った子規は、帰国の船中で吐血、故郷の松山で療養する。病癒えて帰京の折り、子規は、当時中津にあったこの寺に立ち寄った。

ほろほろと石にこぼれぬ萩の露　子規

これはその時詠んだ句で、句碑が萩に埋もれて境内に立っている。また、弟子の高浜虚子《きょし》や青木月斗《げっと》、それに田村木国《もこく》や相島虚吼《きょこう》などの句碑も〝萩の散歩道〟に点々と佇む。

二十三日には、恒久平和、人と自然の共生を願う「道了大権現採燈大護摩祈祷」があり、立ち上る炎の祈祷が圧巻。

二十四日には、創建以来続く「秋彼岸せがき法要」があり、この日は、毎月の「あごなし地蔵縁日」の日でもある。

あごなし地蔵大菩薩は小野篁《たかむら》作と伝わる五十年に一度ご開帳の秘仏。隠岐へ流された篁が刻んで農夫・阿古の歯痛を治し、「阿古直し」が訛って「あごなし」となったといわれる。

「萩の寺」東光院は新西国第十二番霊場。天平七年（七三五）行基開創による曹洞宗別格寺院で、元は大坂豊崎の里（北区中津）にあり、大正三年（一九一四）に現地に移転した。

道了は「道了大権現」のことで、萩まつりの祭神である。関東では「小田原の道了さん」として信仰篤く、それを秀吉が天正十八年、大坂の発展を願って勧請した。（小嶋）

大護摩祈祷前のお祓い

◇所在地/豊中市南桜塚１−12−７
電話06-6852-3002
◇交通/阪急宝塚線曽根駅徒歩５分
◇時間/午前９時〜午後５時

秋分の日【日想観】四天王寺

日想観《にっそうかん》（「じっそうかん」とも言う）は、観無量寿経に説かれる十六観の第一で、西に没する夕日を見て西方浄土を想う修行。四天王寺の西門は、極楽浄土の東門中心に当たる聖地とされ、ここで念仏を唱えれば、それが浄土に響き、極楽往生できると信じられて、広く一般に広まった。

なかでも夕日が石の鳥居と極楽門を貫いて、一直線になる春秋の彼岸の中日は、日想観を修するに最もふさわしく、当日は日没前から僧侶が集い、参詣者とともに日想観を行う。

（吉田）

彼岸の中日に行われる日想観

◇所在地/大阪市天王寺区四天王寺1-11-18
電話06-6771-0066
◇交通/地下鉄谷町線四天王寺前夕陽ヶ丘駅徒歩5分
◇時間/日没前後

ぶらり探訪

●夕陽ヶ丘と家隆《かりゅう》塚

古代、四天王寺から現在の谷町筋を挟んだ西側一帯、逢坂・伶人町・夕陽丘町・生玉寺町辺りはすぐ西に海が迫り、夕陽の名所として知られた。四天王寺が〝日想観〟の聖地とされたのもその立地条件からだ。今もその一帯は「夕陽ヶ丘」というロマンチックな通称で呼ばれる。

夕陽ヶ丘の名は、『古今和歌集』の撰者として知られる鎌倉時代の歌人藤原家隆《ふじわらのいえたか》が、嘉禎二年（一二三六）に日想観を修するために出家して、京都からこの地に移り住んだ。そのとき営んだ小庵〝夕陽庵《せきようあん》〟に由来するといわれる。

家隆は、翌年の春の彼岸に有名な「ちぎりあれば難波の里にやどり来て波の入日を拝みつるかな」の歌を詠み、その年の四月に八十歳で没した。

愛染堂の名で親しまれる四天王寺の支院・勝鬘院の北西（夕陽丘町五丁目）に〝藤原家隆の塚〟がある。夕陽庵の故地とも伝えられている。（林）

中秋の日に近い土・日曜【月見祭】百舌鳥八幡宮

参道を埋めつくす観衆

大小十七基の〝ふとん太鼓〟が宮入

堺市百舌鳥赤畑町の百舌鳥八幡宮の秋祭りは、近在の人はもとより遠方からの人も訪れ、神社の周辺は屋台でうずまる。八幡宮本殿前の広場では「ベーラ、ベーラ、ベラ、ショッショイ」の掛け声が響く。ふとん太鼓を担ぐ総勢七十人余りの屈強な男たちの口から発せられる掛け声である。百舌鳥八幡宮の社殿の前の広場を埋め尽くした観衆の間を若衆が太鼓台の通り道を確保するために走り回る。

総重量約三トン、五段からなる朱色の座布団を積み重ねたように見えるふとん太鼓は高さ四メートルに達する。担ぎ手はずっしりとかかるその重量を肩に受け止めなければならない。男たちは白足袋の足並みを揃える。太鼓台は群がる人々の間に広げられた七、八十メートルの長さの通路を十回、二十回と約一時間にわたり練り歩く。

最初の数回は元気いっぱいに太鼓台を跳ね上げ、上下に大きく揺さぶる。勢い余って、社殿の前の鳥居の脇に立つ樹齢推定八百年の大楠（府・天然記念物）の太い横枝にぶつかりそうになり、上に乗っている勢子が枝を避けるため身をかがめなければいけない。が、往復二十回にもなる頃には、体力は消耗し太鼓台は今にも倒れそうになり、振り落とされないようふとんの縁にしがみつくことになる。

百舌鳥九町からのふとん太鼓が全部揃ったのは平成十五年のこと、それまでは土塔町の太鼓台が昭和三十六年の第二室戸台風で壊れ、以来四十二年間八町の太鼓台で行われてきた。土塔町のふとん太鼓が復活したことで、さらに活気が加わった。

初日昼前から氏子九町の太鼓台が順次宮入し、大小十七基が境内にすべて揃うのは、夜九時半を過ぎる。翌日は宮出しで、決められた順番に従い各町内に戻る。

百舌鳥八幡宮の秋祭りは、中秋の名月の日に当たる旧暦の八月十五日に行われるため、月見祭と呼ばれてきた。当日は神社の祭典が行われるが、ふとん太鼓の奉納行事は担ぎ手や諸般の事情により、その前後の土・日曜に行われる。

古くから泉州の人々に親しまれ、稲の成熟期を控え豊作を祈る祭りと、八幡宮の放生会と、満月を祝う風習が重なり百舌鳥八幡宮の例祭となったという。この祭りは、三百年も続くといわれ、近年は勇壮で華麗なふとん太鼓で有名になった。

昼頃には子供太鼓連が小ぶりのふとん太鼓を担ぎ、太鼓に合わせ声を張り上げて歌う。

「石山の　秋の月　月に　群雲《むらくも》花に風　風の便りは　阿波の島　縞の財布に、五両　十両　ゴロゴロ鳴るのは　なんじゃいな　地震　雷　あと夕立　ベーラ、ベーラ、ベラ、ショッショイ」

「牡丹に唐獅子　竹に虎　虎を追うて走るは　和唐内　和唐内お方に　智恵貸そか　智恵の中山　清閑寺　清閑寺のお住さん　坊さんで　それ故　八朔　雨じゃいな　ベーラ、ベーラ、ベラ、ショッショイ」

百舌鳥八幡宮は江戸時代より現在に至るまで、大阪、堺の人々の厄除開運の神として信仰を集めている。（中田）

勢いよく担ぎ上げられるふとん太鼓

◇所在地/堺市百舌鳥赤畑町５-706
◇交通/ＪＲ阪和線百舌鳥駅または南海高野線百舌鳥八幡駅徒歩10分。地下鉄御堂筋線中百舌鳥駅徒歩20分
◇時間/ふとん太鼓宮入、午前11時頃～午後10時過ぎ
翌日の午前10時宮出し開始

9月26日【晴明大祭】安倍晴明神社

映画・漫画・小説などで大人気の陰陽師を祀る

平安時代の謎の陰陽師・安倍晴明（九二一〜一〇〇五）の生誕地とされる地で、占い祭、なにわの伝統野菜の試食会、講演会などが催される。祭典は午後一時頃から始まり三十分程で終わる質素なもの。祭典の後、五十メートル程南の旧熊野街道に面する阿倍王子神社で催しが始まる。

人気は占いコーナー。ずらりと並ぶ占い師の前に行列ができる。近くの商店街が協賛する地元農産物の販売会、天王寺蕪など伝統野菜の試食会や料理講習会もなかなかの人気。

豪族・阿部氏の家に生まれ都へ上った晴明は、加茂忠行・保憲父子に陰陽道を学び、後に陰陽頭・天文博士として宮廷に仕えた。子孫は代々土御門家を名乗り朝廷の吉凶占い、暦の監修、民間陰陽師への許状の発行などに携わった。

大江山の鬼退治、式（識）神（一種の精霊）を自在に操ったなど、さまざまな伝説が『今昔物語集』や『宇治拾遺物語』などに伝えられている。最近出版された『日本古典偽書叢刊』第三巻（現代思潮新社）の簠簋内伝金烏玉兎集《ほきないでんきんうぎょくとしゅう》が大変興味深い。ポピュラーなのは陰陽師・安倍保名と白狐の間に生まれた子・安倍童子が成長し陰陽師・安倍晴明として朝廷に仕えたという「葛乃葉子別れ」伝説だろう。この話は江戸時代中期の享保十九年（一七三四）に初演された竹田出雲作の浄瑠璃「蘆屋《あしや》道満《どうまん》大内鑑《おおうちかがみ》」に継承される。

現在、安倍晴明に関わる伝承地は屋敷跡とされる京都堀川通りの晴明神社が知られているが、亀岡市、桜井市、敦賀市などにも晴明神社がある。

ちなみに阿倍王子神社は熊野詣が盛んになる平安時代には第四番目の王子だったが、戦乱で途中の王子社が焼失し、安土桃山時代に二番目の王子社となった。（河瀬）

本殿で行われる祭典風景

◇所在地/大阪市阿倍野区阿倍野元町９−４
　電話06-6622-2565
◇交通/阪堺電軌東天下茶屋駅徒歩５分
◇時間/午後１時〜

10月

神無月

かんなづき

10月第1日曜　【こおどり】　桜井神社

「上神谷《にわだに》の八幡さん」と呼ばれ、鎌倉時代の建築様式を残す堺市内で唯一の国宝「割拝殿《わりはいでん》」でも有名な桜井神社に、五穀豊穣を祈願して奉納される神事舞踊。もとは鉢ケ峰寺に鎮座の国神社に奉納されていたが、明治の末に国神社が当社へ合祀され、こおどりも移された。

　かつて和泉地方に多く見られた雨乞いの踊りから始まったといわれ、数十本の紙花《ひめこ》を挿した竹籠を背負った鬼や三尺棒を持った天狗を中心に、一文字笠に着物姿の太鼓打ちなど総勢十七人が鉦と太鼓の音色にあわせて勇壮に、そしてユーモラスに踊る。まず国神社跡地で奉納してから、桜井神社へ向かうのだが、道歌を歌いながら、あぜ道を行く約四十分間の行列は、どこかおとぎ話のようだ。国の無形民俗文化財に指定され、保存会によって地域の小中学生への伝承活動も積極的に行われている。また、かつてこの踊りに使用されていた古い鬼の面は堺市博物館に保管され、常設展示されている。（井上）

◇所在地/堺市片蔵645
電話072-297-0043
◇交通/泉北高速鉄道泉ヶ丘駅からバス桜井神社前すぐ
◇時間/午前11時～

10月9日　【獅子祭】　原田神社

岡町の地車。各地区で練り物はいろいろ異なる

神事と祭礼を結ぶオテンサン

阪急岡町駅で電車を降りると鉦太鼓の音が聞こえてきた。いやが上にも祭りムードが盛り上がる。駅を出ると、まだ明るさの残る夕暮れの町に、もう地車が出始めていた。

原田神社の獅子祭は、「原田神社獅子神事祭」という。豊中市指定文化財（昭和三十八年六月十三日指定）、豊中市無形民俗文化財（昭和六十二年九月一日指定）である。

十月一日、舞初式《まいぞめしき》から祭りは始まる。午後八時過ぎ、祭神のオテンサン（獅子）が現れ、拝殿前の石舞台でホンネマイ（本臥舞）を舞い、神事の始まりを告げる。

この祭りは、オテンサンと呼ばれる獅子頭が中心的な役割を果たす。獅子は主祭神・牛頭《ごず》天皇の化身である。

牛頭天皇は大陸伝来の神。疫病をもたらす恐ろしい存在であり、後、荒ぶる神・素盞嗚命《すさのおのみこと》と同一視される。疫病をもたらす神は同時に疫病を防ぐ力を持つとして信仰された。

二～八日の地区巡祭は、獅子が氏子地区を渡御して回る。毎日の日程に従って、七日間で十二の氏子地区を巡る。

九日はいよいよ宵宮祭である。午後六時頃、各地区から集まって来た地車は、いったん岡町商店街を練って行く。

練り物は、今では各地区ごとに違っていて、勝部・岡町は地車、原田・上津島・走井・上ノ山はふとん太鼓、岡山・南桜塚は子供神輿、桜塚はギャル神輿と神額（四面額状行灯）である。昔はすべてが神額だったそうだ。

練り歩く時の囃子も地区ごとに違いがあって面白い。基本型は「ヨーイサージャ」あるいは「ヨーイヤサージャ」だそうだが、上ノ山は「ヨイヤッサー、ヨーイヤセ」、上津島は「ア、ヨイヤッサー」と囃すそうだ。

しかし実際に現場で聞くと、もっといろいろあるように思える。岡山の子供神輿や走井のふとん太鼓は「ヨーイサダ」と聞こえるし、南桜塚の子供神輿は「ヨーイカゼ」と聞こえた。原田のふとん太鼓などは「ヨーイトコラセー、ヨイトマンマンセー」と女児の声、それに混じって「ヨーイカゼ」（南桜塚と同じ）と男の声が聞こえてきた。

上ノ山のふとん太鼓が商店街の人から祝儀を受け、「打～ちましょ」シャンシャンシャンと手打ちをやっていた。

午後七時頃に各練り物は宮入を始める。石舞台で神事の後、高く掲げたり揺さぶったりされて境内巡行をする。

午後八時からメーンの獅子追い神事が始まる。太鼓が鳴らされると、氏子の子どもたちが提灯を手に御旅所へオテンサンを迎えに行く。打ち鳴らされる太鼓の音と「ウワー」という声に迎えられたオテンサンはクロジという氏子総代に先導され、「ヨーイサージャ」と囃す子どもたちを伴って石舞台へ赴き、その上でホンネマイを舞う。

境内に置かれた十基以上の大松明はいっせいに点火され、オテンサンは舞台の周囲を舞い巡る。神と人との交流である神事、人と人との交流である祭礼、それがオテンサンという聖なる象徴を介して結びつくこの神事祭は、パチパチと音を立てて燃える松明に照らされてクライマックスを迎える。

（小嶋）

桜塚のギャル神輿

◇所在地/豊中市中桜塚1－2－18
電話06-6852-4732
◇交通/阪急宝塚線岡町駅徒歩2分
◇時間/午後6時～10時

ぶらり探訪

●昆布屋の大欅

原田神社は阪急宝塚線・岡町駅のすぐ東にある。高架駅のホームから神社の森が目の前に見えている。

駅前の岡町商店街は原田神社の北縁に沿って東西に伸び、近代風な中にも下町情緒が裏道に残る。

アーケードに入って東に歩くと、しばらくして右側に小さな昆布屋がある。なんと、この店のど真ん中に、樹齢四百年のでっかい欅がデンと鎮座、店内の面積の半分を占めている。もちろん現役の生きた欅で、屋根を突き抜けて高くそびえる梢には、葉が青々と繁る。

直径二メートルちかくはあるかと思える巨木で、目線の上には注連縄が巻いてある。

「昔はここも原田神社の境内だったんですよ」と、店の女主人。街の近代化とともに商店街が拡大していったが、昔からあった欅だけは残されてきたということだろう。店にとってこれほど邪魔なものはないが、いまも神木として大切に扱われている。（小嶋）

10月11日【松明神事】長野神社

境内に高さ五メートルの大松明

河内長野のこの辺りは紀伊や大和からの大道が合流するとともに高野大道が東西に分岐し、また水路では天見川と石川が合流する地点であることから、古くから交通の要所として栄えたのである。二つの河川の上流から切り出された木材はこの地で製材され堺に搬送し、社寺の集まる京都へも出荷されたものと考えられている。

このように木材の集まるところを「木屋《こや》」といい、この神社は「木屋堂《こやど》の宮《みや》」とか「牛頭天王宮《ごずてんのうぐう》」と呼ばれており、今の長野神社と言われるようになったのは明治時代からとされている。

御祭神は「牛頭天王」とも称され、京の祇園社〈八坂神社〉に祀られている素戔嗚尊《すさのおのみこと》であり、疫病除災の神として崇敬を集めている。

この神社がいつできたかというとはっきりとは分からない。ただ御本殿は室町時代に建てられたもので国の重要文化財に指定されている。一間社流造で正面に千鳥破風と軒唐破風で、屋根は檜皮葺になっている。

例大祭（秋祭）が毎年十月十日（宵宮）十一日（本宮）に行われる。境内の真ん中に高さ五メートル、直径一メートル五十センチの大松明を氏子が作り上げる。この松明神事は十一日の朝十時から行われるもので、神事がとり行われたあと、点火される。燃えさかる炎は勢いを増していき、氏子たちは松明の周りで水を掛ける。この祭りのクライマックスを迎える。この由来は、神様をお迎えする時に闇夜で鎮座の地を間違えないよう、地元の民が松明を灯して知らせたと伝えられている。（原田）

燃え上がる大松明

◇所在地/河内長野市長野町8－19
電話0721-52-2004
◇交通/南海高野線・近鉄河内長野線河内長野駅すぐ
◇時間/午前10時～

10月第2土曜の前日【西代神楽《にしんだいかぐら》】西代《にしだい》神社

伊勢太神楽《だいかぐら》系の代表的なものを伝える

西代神社の秋の大祭は毎年十月十一日に決まっていて、地車が十月第二土・日曜に出る。その前の金曜夜に「西代神楽」が行われる。大祭に奉納されるという形だ。神社はニシダイというが、神楽のことをいう時はニシンダイといっている。神社は、楠木正成の河内七城の一つの鎮守であったとか、南朝行幸の天皇の休息所になったとか伝わっていて、相当な古さが感じられる。

夕闇がふかまるなか行われる西代神楽

本殿の前の広場が会場。十メートル四方の舞い場をコの字に囲むように参拝客。残る一辺に笛、太鼓、擦《す》り鉦《がね》、歌い方など。獅子頭と後持《あとも》ちが組になり、いわゆる獅子舞いの見かけだ。始まりは厳かに獅子が本殿、各末社と境内を巡る。舞い場に戻ってからが本番。鈴之舞《すずのまい》、くわえ剣、四方掛《しほうがかり》は中高生が舞った。続く歌剣《うたつるぎ》、吉野舞《よしのまい》は社会人による舞い。ここで小休止。当地名産だった河内木綿姿の爺役が出てきて子どもたちに菓子を配る。獅子が怖くて後ろに下がっていた子たちも前に出て元気が出る。その後、爺が獅子の持つ玉を取ろうとする玉の舞。十八分間と長いが子どもも興味津々で見ている。神来舞《しぐるま》、白獅子、花之舞と続いてお開き。

西代神楽は廃りかけていたものを、現保存会会長（六代目）の松本忠雄さんの祖父、曽祖父が復興した伊勢太神楽系の代表的なもの。若手も含めて二十人ぐらいの会員が保存会会館などで稽古して、大切に伝えようとしている。（松田）

◇所在地/河内長野市西代町16−5
電話0721−53−1204（6代目保存会会長・松本忠雄さん宅）
◇交通/南海高野線、近鉄長野線河内長野駅徒歩15分
◇時間/午後7時〜9時

10月第2土曜の前日【日野獅子舞《ひのししまい》】高向《たこう》神社

のどかに、あるいは激しく……楽しい獅子舞

本格的な獅子舞をじっくり見る機会も最近はほとんどなくなっているが、数百年の伝統があるという日野獅子舞はそれに値するものだろう。伝わる五曲はあるいはゆるやかに、あるいは激しくて、つい見入ってしまう。都市化が進む現代、古き良き日本の風景に身を置く思いだ。

この日、朝から三地区の地車が練り歩き、昼に高向神社に集まってくる。それぞれが鉦、太鼓、掛け声で騒然とした雰囲気。一つ一つが本殿前でやり回しを終えたあと、いよいよお目当ての獅子舞が始まる。広いと思っていた境内がぎっしりと人で埋まっている。

本殿前の広場中央に作られた高さ三十センチほど、広さ三メートル四方ほどの狭い舞い台。ここでまずは「巣垣《すがき》の舞」。蜘蛛が巣を張ることを「巣がく」というそうで、ゆったりと舞われる。平成十五年には初めて女子高生が舞って注目された。次に「乱曲の舞」は、力強く生きることを乱舞に託している。そして「床几《しょうぎ》の舞」は「曲舞い」とも呼ばれる難曲である。

舞台の台を二段積みにして、高く狭い所でさらに肩車をするなど筋力と修練がいるもの。昔は若者の晴れ舞台であったという。

このあと小休憩のうちに舞台は境内の薬師堂前に移る。ここで続けて「花の舞」「地巣籠《じすごもり》の舞」の二つ。ここまできても見る人は減らない。笛十二、大太鼓一、締め太鼓一、擦り鉦三の囃し方も丁寧で、村の鎮守に澄むような音を響かせている。（松田）

日野獅子舞が行われる高向神社

◇所在地/河内長野市高向291
電話0721-63-5873（保存会会長・森下英一さん宅）
◇交通/南海高野線、近鉄長野線河内長野駅からバス高向徒歩５分
◇時間/午後１時～５時

10月第2土・日曜【熊取だんじり祭り】
大森神社・熊取駅前通り

町内地車十一台が古き良き伝統を支える

大森神社は中世、熊取庄の三社として野田明神、雨山明神とともに雨乞いに霊験のある社として大森明神の名で奉祀されてきた。

「熊取だんじり祭り」は、町内十一地区から地車が曳き出され、宵宮の土曜日には大森神社への宮入が、本宮の日曜日には町内のパレードが行われる。この祭りがいつ頃から行われるようになったかは明らかではないが、天保十二年（一八四一）の記録によると八カ村が地車を所有していたとされ、現在のように十一町内に揃ったのは大正時代といわれる。

祭りのハイライトである宮入は午後一時頃から行われる。神社の境内は宮入を待つ人々で賑わいを呈している。やがて神社から遠い地区から順に、「そーりゃそーりゃ」の掛け声とともに、地車が次々に宮入してくる。高校生や青年団、地区によっては中学生や女子生徒たちも揃いのハツピ姿で勇ましく綱を曳く。それぞれの地区の地車には素盞嗚尊《すさのおのみこと》大蛇退治や川中島合戦、曽我物語などの場面を刻んだ見事な彫物細工が施されている。

大屋根の上に乗った大工方と呼ばれる若衆（指揮者）の祭団扇の合図で、境内中央の舞台の周囲を威勢よく三度走り巡った後、本殿前で神官からお祓いを受け、榊を屋根に取付けると所定の位置に待機する。総数十一台が揃うと、夕方には順次それぞれの町へ帰って行く。道路事情の悪かった昔は、一夜神社に地車を止めておき、本宮の朝早く引き取りにくる習慣だったと聞く。

翌本宮は駅前通りでパレードが行われるが、これには小学生たちも曳行に参加する。（林）

大工方はだんじり祭りの華

◇所在地/熊取町大森神社及び町内11地区
電話0724-52-1001（熊取町教育委員会生涯学習推進課）
◇交通/ＪＲ阪和線熊取駅。大森神社へは徒歩40分（当日は車の通行規制）
◇時間/土曜日宮入午後１時頃～
日曜日パレードお昼頃～

10月中旬の土・日曜【秋祭り】山辺神社

山里の秋を彩る勇壮な獅子舞

能勢町の中心・森上から北に入った山間（旧・山辺村）にある山辺神社の秋祭りは、昔から早くて十月の十日、たいていは十五日だった。現在は、基本的には体育の日（第二月曜）の前の土・日曜日に行われている。

土曜日の宵宮に続き、日曜日の本祭は、前日に稲荷山のお旅所に留まった神輿を太鼓台が迎えに行き、二台が山辺の谷中を上山辺から東山辺へと練り歩く。夕刻には神社に還るのだが、境内で待っていると、まず子供神輿が威勢よく参道の石段を上がってくる。

日が落ちて、境内の提灯が次第に明るさを増す頃、太鼓台が賑やかに、次いで神輿が豪壮に石段を駆け上がる。神輿から本殿へ神様のお遷りがあり、身軽になった神輿と太鼓台は、境内の舞殿の周囲を数回にわたり勇壮に練り回り、祭はクライマックスの獅子舞へと移る。

素盞嗚尊《すさのおのみこと》、聖徳太子を奉祭する山辺神社には、雌雄二頭の獅子頭が伝わっている。獅子は秋祭り宵宮の前日に、氏子の各家を舞って回り荒神祓を行うほか、宵宮の神輿・太鼓の行列には、猿田彦を先立てて供をし、本祭では「散所の舞」と「剣の舞」を奉納し、秋祭りの一切の行事が終わる。

獅子舞の由緒は、昔、剣尾山に住んでいたという魔物の大鷲を鎮めるため、人身御供の「山の神祭り」が正月の初寅に、秋祭りには天魔を追い払う獅子舞が奉納された故事による。

舞は、歌曲などから室町期以前のものとされ、囃し歌にあわせて雌雄二頭が、幣と鈴・扇で単調優雅に舞うほか、音曲のみで短刀を手に天魔と闘う獅子の悽愴な「剣の舞」が、祭りのフィナーレを飾る。（吉田）

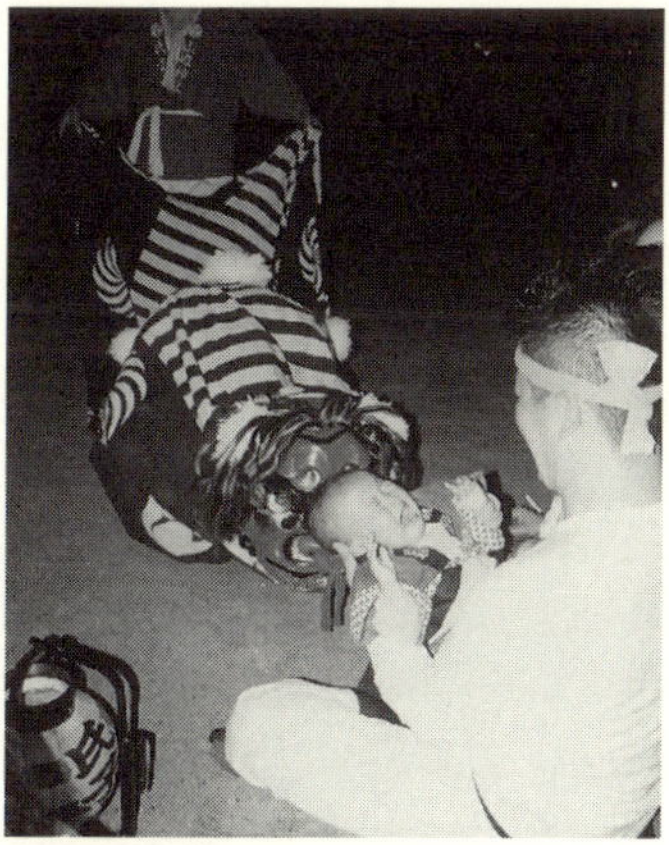
舞のあと獅子は氏子の息災を祈る

◇所在地/豊能郡能勢町山辺
電話なし
◇交通/能勢電鉄山下駅からバス山辺口徒歩30分
◇時間/午後４時頃～

10月第2日曜【御堂筋パレード】御堂筋

手をかたどった器に各国の水が注がれ世界が一つに。エコ風船が空に舞い上がり、いよいよパレードのスタート

国際色豊かな大阪の風物詩

昭和五十八年、「大阪築城四〇〇年まつり」から生まれた「御堂筋パレード」。二十一回目を迎えた平成十五年十月十二日午後二時から、大阪のメーンストリート御堂筋では、沿道にぎっしりと観衆を集めて、華やかにオープニングパレードが始まった。

カランコロンの鐘の音に続いてドドドッ、ドーン、高くなった秋空を震わせて花火の轟音が鳴り響いた。

この日は暑いくらいの陽気、銀杏並木が澄んだ空気の中、キラキラと輝いて見えた。二発、三発と立て続けに打ち上げられた花火はこれから始まる祭典ムードにいっそう拍車をかけた。

続いて力強いファンファーレがこだまする と、パレードの出発点になる大江橋の大阪市役所前広場は一気にお祭り気分が高まった。

二時過ぎ、水のセレモニーの始まり。二十人が、手をかたどった「水のハーモニー器」の中に世界各国から集められた「水」を流し込み、世界が一つになる。水をイメージした青色のエコ風船が空に舞い上がり、いよいよパレードのスタートである。

趣向を凝らしたフロートやマーチングバンドが行進を始める。先導の白バイ隊に次いで広報車、マーチングバンドに続いて風、雲、雷、川、海、人魚など水を取りまく数々のモチーフをちりばめ、水が次第に形を変えていくさまを表現した大阪21世紀協会のフロートは、この年のサブテーマ〝つくろう！水の都伝説」―歌え・踊れ・はじけよ水！―〟を掲げ行進。来た来た、その年世間を沸かせた阪神タイガースの優勝を記念して参加した「私設応援団」。沿道から大きな歓声が沸きたった。

次々とやってくるフロートは主に企業の出展だが、宣伝臭を抑えた演出で祭りを盛り上げていた。

海外からは、ケニアのプロ舞踏団が、力強いリズムに合わせた踊りを見せてくれ、ブラスバンドの元祖といわれている世界最古の軍楽隊「メフテル」は、中世オスマン朝の響きを伝え、沿道の日本ファンを魅了した。

躍動感あふれるリズムと情熱的なサンバのリズムにのってブラジル・サンバチームがエネルギッシュな踊りを披露。パレードは子どもも参加した。子供会の鼓笛隊は元気いっぱいに音色を空に響かせた。

人気を集めたのは、全国各地から参加した郷土芸能だった。五百六十年の歴史を誇る華やかな福岡の「苅田山笠」、二拍子が観客も踊る気にさせる徳島の「阿波おどり」……。

見物客は、伝承や珍しい芸能に目を輝かせていた。提灯に火を灯し大阪市内から参加の二基の地車、続いて三重県「伊勢えび祭・じゃこっぺ踊り」、幻想的な光をまとって現れたのは愛知県の「刈谷万燈祭」、千年以上の歴史を持つ秋田県の「能代ねぶながし」がゴール地点の難波高島屋に近づく頃、すっかり夜の帳が下り、ムードは幽玄の世界に一変した。

出場した八十八団体の行進隊、合計約一万人の出場者は大江橋から難波の三・三キロを四時間半かけて無事パレードした。終日で約百二十万人の沿道の観衆は華やかなパレードに酔いしれた。（中田）

◇区間/大阪市役所前・大江橋（起点）→本町（中間点）→難波（終点）
◇交通/上記パレード区間内の御堂筋沿いの地下鉄駅が便利
◇時間/大江橋を午後2時出発、終点難波高島屋前午後6時30分

やぐらが一気に石段を駆け上がるシーンは迫力満点

10月第2日・月曜【波太神社秋祭】波太神社

勇壮な男の秋祭り、やぐらが一気に石段を駆け上がる

南大阪には勇壮な祭りが多い。若い衆が一年間貯めたエネルギーを一気に吐き出すような荒々しい祭りだ。

やぐらは地車とは違い、大きな木製の二輪車に梶台を通しその上にやぐらを組み上げたもので、重さは二トン近くある。現在は二十台が現役だ。最盛期には四十〜五十台のやぐらがあり、明治・大正の頃、やぐらを売り買いした、という記録もある。やぐらの歴史は古く二百七十年程前から続いているという。面白いのは田尻町を境にして北は「だんじり」(四輪)、南は「やぐら」(二輪)と型が別れていることだ。

一日目(第二日曜日)は宮入。早い組は午前六時前にやぐら庫を出て町内を曳行し、宮入に向かう。一番目の宮入は八時頃に始まる。参道の広場で数台のやぐらがスピードを上げながらぐるぐる回り、ウォーミングアップを始める。自分たちの番が来ると鳥居と本殿の中間辺りへゆっくりと進む。二十メートル程先の七段の石段を一気に上り切るため、息を整え、曳き手と押し手のタイミングを図っているのだ。じわっと動いた後、そーりゃの掛け声で石段へ突進、ガタガタという音とともにあの重いやぐらが揺れながら一気に本殿の前へ駆け上がった。

拍手と歓声のなか屋根に団長旗が翻り、爆竹、餅まきなどのパフォーマンスが始まる。交代でやぐら音頭が唄われたあと本殿左右に数台が整列し、横手の山道をゆっくり「ところ曳き」に帰って行く。午後四時三十分頃まで十八台のやぐらが宮上がりに挑戦する。

二日目（祝日・体育の日）神輿渡御・各町ところ曳き。

神社から出発した三台の神輿は市役所前を経て海老野浜馬場先へ渡御する。浜へ到着するのは午前十一時頃だが、その年によって少し変わることがある。

三台の神輿のうち本神輿一台は新しく、波打ち際まで行くが海には入らない。あばれ神輿二台は毎年潮に洗われ風情のある色合いになっている。互いに揉み合い、ぶつかるようにしながら海に入り沖へ出て行く。沖合を関西空港へ着陸する飛行機が低空で横切って行った。浜辺で見ている若者たちは退屈なのか近くにいる知り合いを海にほうり込んで騒いでいる。一時間程で行事は終わり神輿はそれぞれ帰っていく。

やぐらは二十台あるが二台は箱作駅の近くにある加茂神社と菅原神社で神事を行う。ただ数年前から祭りの一週間前の日曜日午後三時頃から市役所周辺で前夜祭が行われ、四時頃からのパレードには二十台が勢揃いする。

波太神社は延喜式にもその名がみえる古社で、祭神に鳥取氏の祖・角凝命《つぬこりのみこと》、相殿に応神天皇を祀る。豊臣秀吉の根来攻めのとばっちりで堂塔は焼亡したが、寛永十五年（一六三八）地元の人々の努力で本殿が再建された。一説に豊臣秀頼が片桐且元に命じて再建したとも伝えられる。三間社流れ造りの本殿と末社三神社は重文に指定されている。（河瀬）

海の中で神輿がぶつかりあう

◇所在地/阪南市石田164－1
電話0724-72-0951
◇交通/南海本線尾崎駅徒歩30分
◇時間/１日目（宮入）・午前８時頃～
２日目（神輿渡御）・午前11時頃～

10月14・15日【秋郷祭】枚岡《ひらおか》神社

生駒山麓河内気質に杜が揺れる！

近鉄電車枚岡駅を降りるとすぐ人の波々……。道幅いっぱいに太鼓台が揺れ、取り囲む周りの人並みも右に左に同じ動きで揺れている。

枚岡神社の創祀は神武天皇即位前三年と伝わる。後に奈良春日大社への分祀から元春日と称され、中世より河内国一宮、明治には官幣大社となり河内地方の信仰の中心であった。

河内人気質は河内音頭で語られているように言葉は少々荒っぽいが根は純朴、人情厚き土地柄で地域のまとまりの良さも他の追随を許さない。この時期、どこへ行っても祭り一色。河内では祭りは男を磨く修業の場と言われる。十五・六歳で青年団に入団を許された少年は先輩たちに幼長の礼を躾《しつけ》られ連帯感を身に付け、二年で一人前の若衆に育ち祭りを担うことになる。一年かけて準備し稽古を重ねて待ちわびたこの日、出雲井・鳥居・額田・宝箱《ほうそう》・豊浦・喜里川・五条・客坊・河内・四条などの各地区の氏子たちが集い、太鼓の音に合わせ四十～五十人で担ぎ大小二十二台の太鼓台が参道を踏みしめ上ってくる。先達の下知「チョーサジャ」に「エンヤサイ」と応じ、練り担ぐ。周りからヤンヤの喝采、この瞬間河内男の心意気が弾ける。夜の帳が降り境内の灯籠に火が入ると勇壮さを競い合って練り歩く中垣《なかがき》が始まる。五臓六腑に沁みわたる太鼓の響き……。

「ドンデンドン、ドンデンドン」。太鼓台の房が大きく傾ぐ、若衆の気合いがぶつかり汗が飛び息遣いが激しくなってきた。荒々しい河内言葉がよく似合う最高潮に到達する。

午後十時、宮入とは逆の順番で宮出しが行われ、二日間で十五万人もの人を魅了した太鼓台の競演「秋郷祭」は幕を閉じる。（桑原）

参道にひしめく人、太鼓台

◇所在地/東大阪市出雲井町７－16
　電話0729-81-4177（代）
◇交通/近鉄奈良線枚岡駅すぐ
◇時間/14日宵宮　午後３時～10時
　15日本宮　午後３時～10時

10月15・16日【天狗祭り】聖天宮西行寺

聖天宮西行寺の天狗祭りは、神仏混淆の奇祭として百年の歴史を持つ。十月十六日午前九時、巨大な太鼓の音とともに神事が始まる。三組の天狗と獅子が境内に集い、祓いを受けた後街中へと分かれ出てゆく。

天狗は錫杖、鈴を鳴らし、獅子がお祓い、御札を渡す。合わせて六百軒近くの檀家や小学校幼稚園を回るという。天狗は、陽で男、すなわち獅子、神楽は陰で女を表す。

西行寺は大黒天が御本尊、西国七福神巡りの一寺であり、聖天宮のご本尊は歓喜天。つまり西行寺と聖天宮は別のものでありながら、神道も仏教も根は一つ、というところからこの祭りが生まれた。

前夜の宵宮も賑わうが当日の夜は夜店も含めて近在から大勢の人々が集まる。その中を天狗と獅子が激しく踊るさまはまさに祭りのハイライト。大きくなったら天狗になりたい、と子どもたちに夢を持たせる祭りである。（小山乃）

◇所在地/箕面市箕面2－5－27
電話0720-721-3190
◇交通/阪急箕面線箕面駅徒歩4分
◇時間/午前9時～午後10時

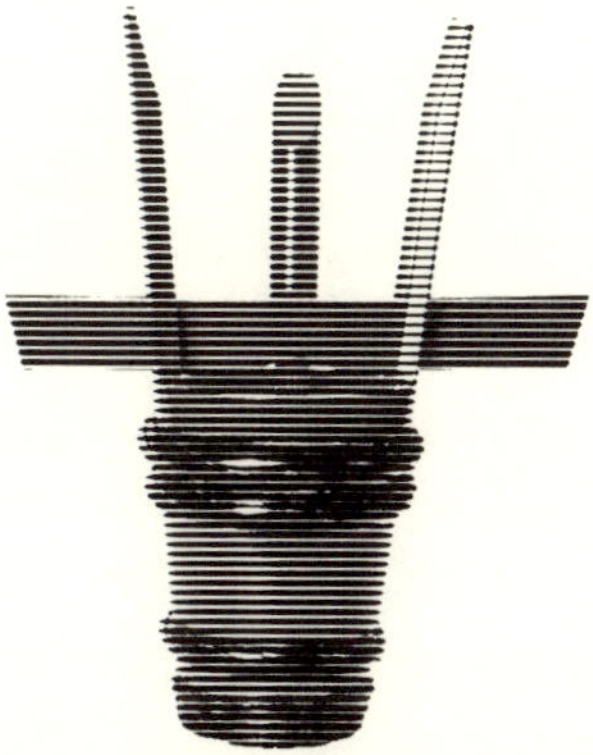

10月15・16日【秋例大祭】吉田春日神社

地車、太鼓台のパフォーマンスも楽しみ

本祭りは掛け声も勇壮に、地車、太鼓台が宮入

十五日の宵宮は神酒献上の儀式「酒くらべ神事」から始まる。その昔、神社の運営は「座」によって行われていた。現在は氏子中の八自治会より選出された氏子総代を中心として奉賛会の浄財等の協力を得て運営されている。

座には本座、新座、弥座、北座の四座があり三十二人で構成されている。

座ごとの当屋は、座地で収穫された米と境内の井戸から汲み上げた水で酒を造り、餅とともに神前に供えた後、その出来栄えを比べあったのが「酒くらべ神事」の始まり。その後、統制・税などの問題で自前で酒造りができなくなり、現在は市販されている清酒を使っている。取り肴は精進ものの水炊きで、座によって里芋、豆腐、牛蒡、大豆と決められ、味付けは塩だけ。

神事は女人禁制、座持ちの継承には男子の嗣子であること（現在は養子でも可）、一般の見学不可など厳しい制限がある。

この日は各地区の地車《だんじり》や布団太鼓が町内を回って本祭りに向け雰囲気を盛り上げる。午後七時前から川島地区の地車と市場地区の太鼓台が特別に宮入している。

十六日はいよいよ本祭り。数日かけて組み上げた子供地車、太鼓台が午後四時頃から宮入する。揃いのハッピに鉢巻姿、お守りを首から下げた子どもらの姿がなんとも凛々《りり》しい。川島地区の地車に続いて本郷・新家・市場と各地域の太鼓台が続き、境内で練ったあといったん退場。この頃から夜店に灯が入り始める。

四時過ぎから湯神事。本殿の前に湯が張られた釜が三つ据えられ豊作を感謝するお祓いが行われる。

六時過ぎ、二メートル程もある御神灯（大提灯）が高棹に掲げられ次々と宮入を始める。もともと雨乞いの願いがかなった時のお礼参りに始まった献灯の風習が、天保年間以降、秋の祭礼にも行われるようになったという。この時「カラクチ」とよばれる独特の節回しの音頭が唄われる。

日が落ち始めた頃、いよいよ「チョウサジャ！」の熱い掛け声とともに地車と太鼓台の宮入だ。

まず川島地区の地車が入る。正面参道、数十メートル手前から拝殿へ突進し際どいところでとまる。何度か繰り返したあと退場、次の太鼓台が宮入する。

見ている方はヒヤヒヤの連続だ。下島・艮《うしとら》・市場・本郷・新家と各地区それぞれ意匠を凝らして飾り付けをした太鼓台が次々登場し、拝殿へ突き進む。それぞれいったん退場した後、待機場でひと休み。八時過ぎから再び同じ順番で中担ぎがあり、パフォーマンスを見せてくれる。

九時三十分頃から始まった「カラクチ」が終わると宮出が始まり、地車と太鼓台はようやく自分たちの町へと帰っていく。（河瀬）

厳粛な雰囲気の中で湯神事が行われる

◇所在地/東大阪市吉田２－６－22
電話0729-63-2256
◇交通/近鉄奈良線河内花園駅徒歩10分
◇時間/15日・宵宮/午後６時～（非公開）
16日・本祭り/午後４時～

10月17日【岸辺のドンジ献供祭】吉志部《きしべ》神社

念入りに、ていねいに諸行事は運ばれる

古式にのっとり三カ月かけて準備する

千里丘陵南西部にある紫金山・吉志部神社の秋の例祭である。吉志部の里は難波吉志一族が住んでいた。吉志とは昔、朝鮮半島・新羅の国で用いていた役職名で、彼らは進んだ技能を持って移り住んだと考えられる。その吉志一族の守り神・吉志部神社は紫金山の森を背景に鎮座する。現在周辺に吹田市立博物館や市立公園がある。この界隈一帯が神社の神域であったのだろう。

本殿は幾度も再建されている。現在の本殿でも再建以来三百九十余年だ。桃山建築の本殿は重厚な屋根や装飾を持つが、横に七間（七つ割）の広がりがある七間社だ。大阪府下の神社建築としては唯一の七間社であることから平成五年、国の重要文化財に指定された。

ドンジとは、各家が交代でドンジという神へのお供え物を整え、稚児が献奉する祭りのことである。その神の食物を整えるのがインスタントでなく、祭りの約三カ月前の七月二十九日の菰刈りから始まる。それ以後、菰巻き・稚児指名・注連縄張り・幟立て・餅米洗い・餅つき・全体会議などたくさんの日程表である。

ドンジの家は庄屋など名家が勤める。ドンジは『源氏物語』に出てくる屯食のこと、あるいは単に「にぎりめし」のことという説もある。岸辺で現在作られているドンジは、小判型の餅で、副食は栗・柿・茄子。それらを納める容器や台などに古い格調を感じる。

いろいろあって前日の十六日には小路の農業会館に四十人程が集まり、餅つきや飾り付けなど早朝六時から夕刻六時まで奉仕する昔ながらの行事である。拝見していると、その間に情報交換やお互いのコミュニケーションが成立している。すべてスムーズに運ばれるわけではない。なじりあったり冗談を飛ばしあい、ちょっぴりきわどい話もまじえながら、作業を進めてゆく。古来から伝承された集落の生活文化というべきか。

この周辺では東村・南村・小路村で行われていたが、現在は小路村のみで行われている。

十七日、本番の日は稚児も学校は休む。四人の少女は木綿の着物に注連縄帯を締め、さげ髪を奉書で包み、水引で結び、尾のついた草履をはき、頭上に唐美津櫃を乗せる円座を乗せる。定年退職者が増加して、参加するお年寄りが増えるという意外な現象もみられるという。

早朝六時から小路農業会館でふるまい餅つき・稚児着付け・奉納出発祝膳などあって、隊列は午前十時に出発、吉志部神社まで二・五キロを五十分かけて練ってゆく。中央部はもちろんドンジを収納した唐櫃《からびつ》と稚児である。ここで独特の音頭か笛の音・太鼓があったらなと想う。松並木の参道、そして露店の間を分け進み、唐櫃が石段を担がれて登ると本殿である。ドンジはうやうやしく神前に奉納され、神事が行われる。このドンジは年中吹田市立博物館で展示されているのでいつでも見られるが、できたての新鮮なドンジと標本はやはり違う。（藤嶽）

ドンジは唐櫃に収められ、いざ出発

◇所在地/吹田市岸部北４-18-１
電話06-6388-5735
◇交通/ＪＲ京都線岸辺駅徒歩15分、阪急バス岸辺徒歩７分
◇時間/行列は午前10時小路農業会館出発、同11時から吉志部神社で神饌奉納

10月第3日曜と前日の土曜【堺まつり】大小路筋

堺のパワーと華麗なる歴史のパレード

堺は室町時代、明をはじめルソン（フィリピン）等のアジアの国々からの貿易船で賑わった。さらに、ヨーロッパから南蛮船が出入りし、鉄砲やキリシタンが上陸し、ベニスのような自治都市として繁栄した貿易港である。

「堺まつり」は中世に開花した堺の歴史・文化を基にオリジナリティーある全国的な集客イベントとして堺の都市魅力を内外に発信するとともに、観光誘客をはかり、地域産業の活性化や地域文化の振興、また、市民の郷土愛の醸成を目的に昭和四十九年から開催されている。

まず土曜日の前夜祭を皮切りに、ザビエル公園で開かれる地場産品の振興を中心とした「なんばん市」を開催し、海外諸都市並びに日本各地の観光ＰＲコーナーを設けている。また、堺が生んだ茶人・千利休を偲び、大仙公園並びに南宗寺山内で「利休のふるさと堺大茶会」が開催されている。

そして、祭りの一番の盛り上がりは、日曜日に、大小路シンボルロードで行われる大パレードである。市民団体をはじめ、海外や国内の伝統芸能等およそ八十の団体、組織が参加して、七千人の大パレードを行う。

開催テーマ曲「堺まつりＳＯＵＬ」を堺が発祥の地と言われる三味線で作曲し、若者層に共感を得るリズムをベースに編曲、パレード会場に響かせる。

特徴的なものとしては、日本各地の火縄銃隊、なんばん船型フロート、なんばん並びに中世ポルトガル衣装での行進がある。また、十台が勢揃いするふとん太鼓は圧巻である。

秋の柔らかい陽射しを浴びて、さまざまなフロートを見ていると、堺のパワーと歴史のロマンを感じる。（青木）

異国情緒あふれるポルトガル衣装で秋の日差しを浴びて大小路シンボルロードを行進

◇所在地/堺市熊野町および市之町一帯
◇交通/南海本線堺駅すぐ、南海高野線堺東駅徒歩５分，阪堺線大小路電停すぐ
◇時間/午前11時～午後５時頃

10月18日【秋祭】建水分《たけみくまり》神社

御旅所に宮入した地車は歓迎の紙吹雪をあびる

厳粛な御神輿渡御祭と勇壮な地車祭

「さあー、よいよいよいー」とハッピ姿も勇ましい若衆の掛け声とは反対に御旅所手前の坂道を地車《だんじり》が、ノロノロ、ゆっくりと登って来る。見物客も「さぁ、頑張れ」と囃し立てる。そして、鉦と太鼓と歌が秋の青空に響き、地車の屋根の上で紙吹雪が舞い、一気に盛り上がり、十八台の地車が次々にやってくる。

午前十時三十分、建水分神社で神輿修祓式、午前十一時、本社を出発し、約一キロメートル下の森屋地区にある「御旅所」通称比叡前《ひえのまえ》の摂社に神幸する。本来はこの神輿神事が主役であるが、威勢のよい地車の方が人気が高い。

神輿が御旅所に到着した後の午後十二時頃からまず、一番目に水分地区の地車が御旅所に宮入する。ここの場合の宮入とは、御旅所の神輿前へ参入・参画することを言う。

午後三時頃まで、千早赤阪村、河南町、富田林市の各氏子地区より十八台の地車が宮入に集まって来た。御旅所前の広場まで登りきると、前進と後退を繰り返しながら紙吹雪をまいて喜びを爆発させる。神輿を中心に地車が参集する風景は河内地方随一と名高い。なお、地車の宮入順も原則的には

坂道を上って行く神楽

「水上順」として、神社を起点に川上から川下へと決められている。

午後三時過ぎから神輿神前において、祭典の執行後、各地区青年団が地車の屋根舞台上より、上方芸能の原点と言われる「河内《にわか》」の即興寸劇を奉納上演する。

そして、日も暮れると、鮮やかな電飾を灯した各地区の地車が御旅所を去って帰っていく。神輿も当番地区に担がれて出御、神霊も本社に還御して、実りの秋の収穫を建水分大神の恩恵とした感謝・祝慶する祭りの長い一日が終わる。

「水分《みくまり》」の語源は、古来、別名「水分大明神」とも「上水分宮《かみみくまりのみや》」とも称された。建水分の「建《たけ》」は猛々しいという美称で、「水分」は用水を公平に分配することで、「水配《みずつげ》」から「みくばり」に、そして「みくまり」へと転訛したらしい。なお、地元では「すいぶんじんじゃ」の呼称で親しまれている。

神社の創建は、西暦紀元前九二年、崇神天皇（五年）が、民が農事を怠った時、金剛葛城の山麓に水神として奉祀した時だと伝わる。また、延長五年（九二七）、修撰の「延喜式・神名張」に建水分神社と記載の式内社で、建武元年（一三三四）、楠木正成公に勅して、元は山下にあった社殿を現在の地に遷した。

「水分」というのは、古代の河内国や大和国にも残る。吉野山の奥千本に、同じ呼び名の「水分神社」があり、水と子守りの神として知られ、万葉歌にも詠まれている。（藤江）

◇所在地/南河内郡千早赤阪村水分357
電話0721-72-0534
◇交通/近鉄長野線富田林駅からバス水分徒歩1分
◇時間/午前10時～

10月22日に近い土・日曜【神田祭】 八坂神社（池田）

大木がそびえる境内には、江戸時代初期に再建された檜皮葺きの本殿（国の重要文化財）が建つ。二百年以上の歴史を持つ神田祭は、まず旧の氏子六カ村で守る幟が、伊勢音頭とともに次々と宮入。幟には祭神である素盞嗚尊《すさのおのみこと》などの文字や神紋が描かれ、色とりどりの刺繍が美しい。神事の後、総勢百四十人による太鼓や神輿の渡御列が町内へ出発。夜には長竿に額形の提灯を付けた額灯六本が勇壮に宮入し、人々の熱気の中、闇と光の幽玄な風情が漂う。（木村）

勇壮に宮入する色彩やかな幟

◇所在地/池田市神田４−７−１
電話072-751-3790
◇交通/阪急宝塚線池田駅徒歩15分、またはバス早苗の森徒歩３分
◇時間/午後１時〜

ぶらり探訪

●池田の織姫

池田は大陸から機織の技術を持った渡来の人たちによって開かれた先進文化の地で、古くから「呉服の里」と呼ばれ、織姫が祀られている神社が二つある。

日本書紀には、「応神天皇の二十年、倭漢直《やまとのあやのあたい》の祖阿知使主《あちのおみ》がその子の都加使主《つかのおみ》と十七県の民を率いて渡来した。三十七年、天皇は優れた機織の女を求めるため二人を呉の国に遣わした。呉王は二人に、兄媛《えひめ》・弟媛《おとひめ》・呉織《くれはとり》・穴織《あなはとり》（綾織《あやはとり》とも）の四人の縫女を与えた。四十一年、阿知使主らが彼女たちを連れて武庫（西宮）まで帰ってきたとき、天皇が亡くなった。そこで仁徳天皇に奉った」と記される。

この時の呉織・穴織を祀るのが、阪急池田駅のすぐ西側に鎮座する〝呉服《くれは》神社〟と駅前の商店街を通り抜けた綾羽の地にある〝伊居太《いこだ》神社〟だ。八坂神社参詣の折には足を延ばし、わが国の機織技術発展に尽くしてくれた織姫たちのことも偲びたい。因みに池田の地名は、伊居太が訛ったものだともいう。（林）

●街の神さま

街で見かける奇妙なものの一つ「路上の杜」。交通量の多い道路のセンターライン上に、唐突に立ち上がっているひとかたまりの木立である。大阪市中央区谷町八丁目と七丁目の境界の道路にそれがある。

道路の車線は、わざわざそれを避けるように、外に膨らんで通過している。周りはコンクリートのビル、その谷間を縫うアスファルトの路上に、どうしてそんなものがあるのか。

樹木の根元には小さな祠がある。地元の人に聞くと、「巳さん」とのこと。つまり「神の使い」のヘビを祀っている。一番大きな木は今は立ち枯れているが、昔は実際にその根っこの空《うろ》に蛇が住み着いていたのかもしれない。

この祠は、元は本照寺という寺の境内にあったそうだ。その場所が区画整理と道路拡張によって道路となり、祠は無残にも塀の外へ晒されることとなった。さらに昭和四十二年頃になってその寺が八尾市へ移転したため、祠と周りの木がそのまま取り残された。

今でも地元のお年寄りなどが折に触れてお参りし、大切に守られている。

同じような「街の神さま」が、すぐ近くの上汐一丁目と東平一丁目の境界道路上にもある。小さな祠の奥には「末廣大明神」と刻まれた石碑が安置されていた。

このあたりは大阪市の「歴史の散歩道」の一部で、すぐ近くのビルの間に「近松門左衛門の墓」が窮屈そうに建っている。この墓も元は法妙寺にあったが、その寺が大東市に移転して行ったため、現在の姿になったようだ。一丁東南に行くと誓願寺に西鶴の墓もある。

この地域には今も寺が多いが、五、六百メートル東には真田山公園、同じく南には生国魂神社があり、大阪の歴史を感じさせる一帯となっている。

同様の「路上の杜」は、北区の野崎町、読売文化センター前にも見られる。（小嶋）

霜月

11月

しもつき

11月亥の日【亥の子】能勢町一帯

「亥の子」は、西日本各地で陰暦十月の亥の日に行われる収穫祭の一つ。田の神が去り行く日とされ、山村の情緒を色濃く残す能勢町では、各地区で稲の刈り終いの行事として催される。子どもの祭りなので、大人は一切口出しをしない。

亥の日が近づくと、子どもたちが集まって、槌《つち》と獅子頭を作る。槌は亥の子の歌とともに地面を叩く藁《わら》製の棒。獅子頭は桟俵《さんだわら》二枚に菊の花や柿の実などを飾る。

当日は日が暮れてから家々を回り、獅子舞をして祝儀をもらう。（吉田）

手づくりの獅子舞を中心にした子どもたちの祭り

◇所在地/豊能郡能勢町内各集落
電話なし
◇交通/能勢電鉄山下駅、妙見口駅からバス
◇時間/日没後

11月初旬【大阪歴史三景】大阪城

ドーン、ドーンと耳をつんざく音。煙と同時に大阪城天守閣にこだまして響き渡る。戦国時代に大きな威力を発揮した火縄銃である。天守閣前広場で大阪城鉄砲隊がその勇壮なさまを再現してくれる。

大阪歴史三景とは、大阪城・難波宮エリアは大阪の歴史的魅力が集積したところ。そこをもっと満喫してもらおうと毎年十一月を中心に歴史ウォークやシンポジウムなどが行われている。この鉄砲隊もその一つである。（原田）

勇壮な姿の大阪城鉄砲隊

◇所在地/大阪市中央区大阪城１－１
電話06-6941-3044
◇交通/地下鉄谷町線谷町四丁目、ＪＲ環状線大阪城公園駅徒歩10分
◇時間/例年昼過ぎより

11月8日【鞴《ふいご》神社・御例祭】生國魂神社境内

厳かに、火と釜戸と刀剣の伝統的神事

鞴神社は「いくたまさん」と親しまれる生國魂神社の境内にある。全国に鞴祭はあるが、鞴神社はここだけである。鋳物、鍛冶の神の天目一箇神《あめのまひとつのかみ》、石凝戸売神《いしこりとめぬのかみ》、香具土神《かぐつちのかみ》を祀り、刀剣鍛錬神事を行う。

刀剣鍛錬の打ち始めの儀

「鞴」は、火熾しの道具だから、製鉄・製鋼・機械工具などを商う金物業界の守護神や、家庭での火の用心の釜戸の神様として篤く崇敬されている。

鞴という言葉は中高年の人たちには懐かしい名称ではなかろうか。戦後しばらくは鍬、鎌などを作る「村の鍛冶屋」には欠かせない火起こしの道具であった。

神事は、午後二時より、宮司、禰宜、権禰宜と刀匠他二名と金物業界の人たちと一般参列者によって執り行われる。粛々と十の儀式が済むと、いよいよ、刀剣鍛錬神事の「火入りの儀」が始まる。鞴でゆっくりと風を送り込まれた窯は赤い炎に包まれる。刀匠が取り出した鋼鉄を若者二人が打つ「打ち始めの儀」を数回繰り返すと、じゅぶじゅぶと桶水に浸し、焼き入れ具合を確認して「奉納鍛錬」が終了する。

神事が終わると、鞴神社前で、すべての参加者に巫女によるお神酒が「神盃」に注がれて振る舞われる。（藤江）

◇所在地/大阪市天王寺区生玉町13－9
生國魂神社境内
電話06-6771-0002（生國魂神社）
◇交通/地下鉄谷町線、千日前線谷町九丁目駅徒歩５分
◇時間/午後２時～

11月15日【七五三】府下の各神社

晴れ着姿で千歳飴を手にした子どもたち。その姿をビデオに収める親や祖父母。毎秋、各地の神社を賑わす七五三の風習は、武家社会の儀式が原型といわれる。

三歳の祝いは、その日を境に子どもの髪をのばし始める儀式「髪置き」、五歳の祝いは初めて袴を身につける「袴着」。

そして、七歳は初めて大人と同じ帯を締める「帯解き」に由来し、一般庶民に広がったのは明治期以降とも。子どもの死亡率が高かった昔と、子どもの数が減り続ける現代。親心は変わらない。（木村）

各地の神社には可愛い笑顔があふれる

11月中旬の土曜【芭蕉忌】南御堂

松尾芭蕉は元禄七年（一六九四）、南御堂前の花屋仁左衛門宅で五十一歳の生涯を閉じた。本堂南側庭園に「旅に病んで夢は枯野をかけまわる　はせを」の句碑がある。俳聖を偲ぶ人たちが集まり、午後零時半から本堂で読経後、同朋会館講堂で句会を開く。一人三句を出句し、参加者（約百名）による互選や披講、選者による特入選句選評などがある。

翁の忌声出して読む漂流忌（河口久美子）

昼飯はたこ焼き八つ芭蕉の忌（佐々木柴山）

第50回芭蕉忌句会から。（藤嶽）

「旅に病んで…」の芭蕉句碑

◇所在地/大阪市中央区久太郎町 4－1－11
電話06-6251-5820　教務部芭蕉忌係
◇交通/地下鉄御堂筋線、中央線本町駅徒歩５分
◇時間/午後０時半～４時頃

11月22・23日【神農祭《しんのう》】 少彦名《すくなひこな》神社

ビジネス街が縁日に姿を変える日

道修町通りの両側には朝からくす玉飾りや献灯、提燈《ちょうちん》が吊るされ、露店が並び、堺筋から御堂筋までは車が通行禁止になる。ドンドンと響く太鼓に誘われて、足は自然と神農さんへ。間口のせまい参道を進むと奥に神殿がある。祭神は日本薬祖神の少彦名命《すくなひこなのみこと》と古代中国伝説中の三皇の一人神農《しんのう》氏の二柱。神農氏は耕作を教え、百草をなめて薬草を探したと伝えられる。

江戸時代の初め頃から道修町に薬種業者が集まり、その寄合所の庭に祠を造って祀ったのが始まりとか。明治になって薬種卸仲買商組合の人たちの寄付で社殿が建立された。場所柄、民家の裏手といったところだが、よくみると立派な御社で、国の登録文化財に指定されているそうだ。

神楽が奉納されると、巫女さんが神鈴と虎を付けた笹を持って舞う。「虎の舞」という。お詣りは子ども連れのお母さん、手を引かれた老人、車椅子の人、老夫婦、仕事の合間に立ち寄って手を合わすビジネスマンや女性たちも少なくない。そして社務所で笹につけた神虎を受ける。

この虎がお守りになったのは、文政五年（一八二二）大坂（大阪）で「三日ころり」という疫病《コレラ》が大流行した。そのとき道修町の薬種仲間が虎頭殺《コトウサツ》という丸薬を作り、神前に祈祷して人々に施した。併せてお守りとして施与したのが張子の虎で、以来病除けのお守りとして知られるようになった。虎をつける笹は五葉笹（おかめ笹）で、日本特産とか。

隣接して「くすりの道修町資料館」があり、道修町文書、昔の看板や引札、薬の歴史や商いを分かりやすくしたビデオ、それに豊臣後期から江戸初期頃の地層から発掘された出土品も展示されている。（交野）

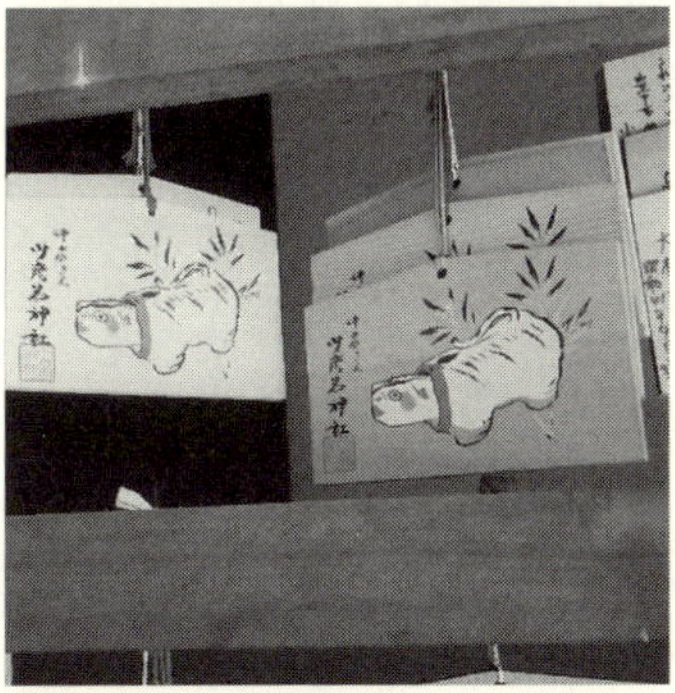

絵馬の虎も人気がある

◇所在地/大阪市中央区道修町２－１－８
電話06-6231-6958
◇交通/京阪本線・地下鉄堺筋線北浜駅徒歩２分、地下鉄御堂筋線淀屋橋駅徒歩７分
◇時間/午前10時～午後８時頃
資料館　午前10時～午後４時（無料）

11月28日【火焚祭《ひたきさい》】深江稲荷神社

笠を縫うことを仕事とした笠縫氏一族が菅《すげ》の生い茂ったこの地に移り住み、皇祖の御神鏡を守護したと伝えられている。和銅年間の創建といわれ、慶長八年（一六〇三）に豊臣秀頼が社殿を改造したといわれている。

またここに天津麻羅大神《あまつまらおおかみ》という鋳物氏《いもじ》の守り神が祀られていることから、深江は鋳物と関わりがあった。火焚祭が行われるのもその所以である。社殿の前に薪を積み上げ、午後七時に火をつける。燃え上がる炎の前で御神楽（人長の舞）を奉納するさまは幻想的である。（原田）

御神楽の奉納

◇所在地/大阪市東成区深江南 3-16-17
電話06-6971-4223
◇交通/地下鉄千日前線新深江駅徒歩５分
◇時間/午後７時～

ぶらり探訪

●「リトル沖縄」の大正

ＪＲと地下鉄の大正駅から大正通りを南へ約三キロ。左手に「サンクス平尾」という商店街がある。

その界隈が、約二万人の沖縄出身者が住む「リトル沖縄」だ。大阪が産業・経済の大繁盛期を迎えた大正後期～昭和初期に、職を求めて沖縄から大阪へやってきた大勢の人たちが、船着き場に近かったこの地に住んだのがその始まり。以来七十余年。二世、三世が中心となった今も沖縄文化は健在で、界隈を歩けばシーサーが置かれた家が点在し、沖縄言葉が聞こえてくる。

サンクス平尾商店街を歩くと、ゴーヤ、ヘチマ、紅イモなど沖縄独特の野菜類が並ぶ八百屋あり、豚足、豚耳など豚のあらゆる部位を売る肉屋あり。豆腐屋には島豆腐が、菓子屋には沖縄銘菓ちんすうこうやサーターアンダギーが並んでいるので、大阪に居ながらにして沖縄歩きを楽しめる。地域の夏祭りには、エーサーの豪壮な音色が響く。（井上）

12月

しわす

師走

12月14日【義士祭】吉祥寺

赤穂義士が祀られている義士の寺・吉祥寺では、忠臣蔵で名高い赤穂四十七士を義士として讃え、その魂を供養する祭り「義士祭」が、吉良上野介邸討ち入りを記念して、毎年十二月十四日に行われる。

「義士祭」は、義士たちの後世に残した恩徳を偲び国民の道義心の高まりのよびかけ、または日本を背負う青少年の心に灯を点ずる運動の一環として、義士会、義士の子孫、義士ゆかりの寺、趣味のグループ、芸能関係者、青年団などによって行われる。

この祭りを通して義士らの顕影を行うことを目的とした団体を義士会ともいう。

吉祥寺にある四十七義士の碑は、山門をくぐった右隅にある。大石内蔵助をはじめとする四十六士の遺髪、遺爪、鎖かたびらなどに銀十両をそえて、江戸では幕府に遠慮して墓のできなかった義士たちの冥福のため建碑を依頼してできたものである。

「義士祭」の当日は、大阪府知事、市長追悼の辞のもとに墓前追悼法要が行われ、知名人や義士会、義士の子孫らが参列する。

その後、境内で歴史を誇る吟詠、居合、剣道、文楽などの伝統芸能が奉納され、家族づれなど多くの参拝客が集まる。

また、四十七義士に紛した愛らしい子供義士時代行列が寺前からバスで出発し、大阪府庁、市役所に知事と市長を訪問し、阿倍野橋より徒歩で吉祥寺に帰着する。道中は子どもたちの無邪気なほのぼのとした雰囲気が醸し出され、街行く人々の足をとめるものである。

また、境内で接待される、かまぼこ、ねぎの入った素朴な味の「討ち入りそば」は名物として有名である。（中野）

義士祭の奉納

◇所在地/大阪市天王寺区六万体町1-20
電話06-6771-4451
◇交通/地下鉄谷町線四天王寺前夕陽ヶ丘駅徒歩2分
◇時間/午前10時〜午後3時

12月14日【やっさいほっさい】石津太《いわつた》神社

えびす神を担いで火の上を渡る（写真提供石津太神社）

「気」が爆発する火渡りの神事

ウォーという地鳴りのようなどよめきの中で、えびす神をかついだ白装束の若衆が西から東、東から西と繰り返し火の上を渡っていく。その度に、火の粉がはじけ、熱灰が舞い上がる。火をよけて後ずさりする観衆がうねる。

堺市浜寺石津町の石津太神社に江戸中期から伝わる「やっさいほっさい」の奇祭は、こうしてクライマックスへと上りつめる。時刻は夜九時を回っていた。

石津太神社には午後四時半頃に着いた。もうすでにまばらに人が集まっていた。これから始まろうとする熱い時を待ちかねるように、それぞれが思い思いに境内をぶらついていた。若い外国人カップルもいた。子どもが数人、拝殿前の太鼓を代わる代わる叩いて遊んでいた。開演前の音合わせのように、静かな期待感が辺りに充満し始めていた。

鳥居前の掲示板に次第が書いてあった。

「十二時神木組上げ、十四時お旅所祭、十五時例祭、二十時火付け神事、二十時半火伏せ神事、二十一時火渡り神事」

境内の周囲は下町で、民家が軒を寄せ合い、その間を細い路地が蛸足のように通っている。小さな豆腐屋や駄菓子屋がある。寺も多い。懐かしいぬくもりを感じるいい町だ。

堺市のこの辺りは臨海工業地帯に近く、宮司さんの説明によると、現在の湾岸線の辺りが海岸線だったそうだ。

その昔、蛭子尊《えびす》（恵比須）が石津の浜に流れ着き、土地の漁民が百八束の薪を焚いて尊の体を温めて助けたという故事にのっとったのがこの祭りだそうだ。

境内中央付近にクヌギの薪が組み上げられ、大きなトンドがこしらえてある。高さ、直径とも二メートル以上あろう。

薪の一本一本には祈祷札が付けてある。

午後七時、境内の太鼓がドーンドーンと鳴りわたった。

八時になるとそれまで煌々と境内を照らしていたサーチライトが消され、いよいよ火付け神事の始まりだ。若衆が火付け用のわらで次々に点火していく。

炎はみるみるうちに燃え上がり、十メートル以上の高さになった。観衆は熱さでじりじりと後ずさりを始めた。

そのうちに大きなトンドがドサッと崩れ落ちて火の粉の吹雪が舞い上がった。

八時半、宮司が現れ、これから始まる「火渡り」の安全を祈願して火伏せ神事が行われる。若衆が崩れ落ちた火を大きな孟宗竹で何回もならし広げ、火渡りの準備だ。

そして九時ごろ、メーンイベントの「火渡り神事」。えびす神に扮した人を担いで火の上を「やっさいほっさい」の掛け声とともに突っ切る。都合三回往復する。

これらの神事はみんな土地の人が地区ごとに持ち回りで行う。えびす神を担ぐ若衆たちは真っ白いさらしの腹巻きに白いももひき、白足袋のいでたちで、上半身は寒空に裸だ。

火渡りの後、神社の周りを三周して神事は終わる。その後で一般の人たちも火渡りができる。そしてすべてが終わり、燃え残りを家に持ち帰ると厄除けになるといわれる。（小嶋）

108束の薪のトンドを燃やす火付け神事

◇所在地/堺市浜寺石津町中４−12−７
電話072-241-5640
◇交通/南海本線石津川駅徒歩５分
◇時間/午後０時～９時30分

冬至【勝間南瓜《こつまなんきん》神事】生根《いくね》神社

昔の暮らしの知恵が今も生きる冬至南瓜のご利益

正月が近づくと「冬至南瓜に柚子風呂」ということわざを聞くことがある。これが美容と栄養と健康に良いことは現代の保健医学からも証明されている。

この神事の始まりは、江戸時代末期の一八六〇年頃、勝間村の庄屋や百姓が天満の青物市場問屋に夏野菜の販売を訴えたのがきっかけとなったらしい。

南瓜は本来、夏野菜であるが、収穫したのを長期間保存したのである。ある年に天候不順で飢餓に見舞われた時に農民を救ったのが「勝間南瓜」だった話が今に伝わる。

元来、勝間村、現在の玉出、岸里、千本地域一帯は南瓜の生産地であったので、勝間南瓜という名称が付いた。一般的なナンキンより、小ぶりで味が締まっており、羊羹や煮物に適している。

この勝間南瓜の名を全国に知らしめたのが、今東光の小説『こつまなんきん』である。主人公の河内娘の小春の波乱万丈を描いたのだが、一時、これが大阪では艶っぽい女性の形容の一つとして、色は黒うて小柄やけど、肌理《きめ》が細かで、ちょっとポッチャリしているのを「こつま南瓜みたいや」と表現して話題になったこともあった。

神事は、午前九時からで、一番人気は、こつま南瓜の試食（一皿三〇〇円）である。境内の真ん中の炊き出しの湯煙を囲むように人の列である。食べた後は、飢餓から人々の命を救ったお守りの「こつま南瓜塚」に参り、無病息災を祈る。

境内には、現在の「こつま南瓜」の栽培方法や実物が展示されている。（藤江）

境内の勝間南瓜の炊き出し

◇所在地/大阪市西成区玉出西２－１－10
電話06-6659-2821
◇交通/地下鉄四つ橋線玉出駅・南海高野線岸里駅徒歩５分
◇時間/午前９時～

12月25日【注連縄掛《しめかけ》神事とお笑い神事】 枚岡《ひらおか》神社

高笑いで春を呼ぶ

年の瀬の十二月二十五日の拝殿前、石段下の境内広場で、午前八時過ぎより、白衣を着た二十六名の氏子総代の手で新しい注連縄作りが始められる。氏子より奉納された藁を打ち、長さ八メートルほどの注連縄を手際よくなう。飛び出たヒゲをハサミで切り、さらに細かいヒゲをとるために藁で擦ったりして美しく仕上げる。これを祓川(夏見川)前の石の注連柱に、古いのと取り替えて張り渡される。高所での作業だけに緊張がはしる。最後に縄のタレ三本をたらし無事完了。

新しい注連縄に掛け換えると、神職、氏子総代は身を整え、注連縄の正面で宮司を真ん中に、本殿に向かい居並ぶ。まず宮司が列より前に進み出て、注連縄を仰ぎ「ワッハッハ」と高笑いする。続いて一同も笑う。これを三度繰り返し、神事は終わり。実にシンプルである。注連縄の下で本殿に向かい天を仰ぎ高笑いすることが、この神事の中心となる。

『古事記』に、須佐之男命《すさのおのみこと》の度を越したいたずらに天照《あまてらす》大御神《おおみかみ》は天の岩戸の奥に隠れ、辺りは闇に包まれてしまったとある。困った神々は岩戸の前で乱舞をし、大笑いをすることで、天照大御神の興味を誘い外に連れ出すことに成功したという神話を彷彿とさせる。

この神事は、江戸時代までは日照時間が最も短い冬至に行われていた。笑うことによって、太陽を元気付けて、一日も早い春の訪れと、豊かな実りを念じて行われる。

お笑い神事が終了すると、全員新しい注連縄をくぐり拝殿に参進。神前に注連縄掛神事の報告を行い、次に総代が順次くじを引き、年明けの一月十一日に行われる粥占神事に奉仕する四名の粥占焚掌と二名の予備員が決められる。注連縄掛神事とお笑い神事は、粥占神事の前儀である。(中田)

一日も早い春の訪れを念じて行われる
新しい注連縄前での高笑い

◇所在地/東大阪市出雲井町７−16
電話0729-81-4177
◇交通/近鉄奈良線枚岡駅すぐ
◇時間/午前９時代〜

12月27日【干支引き継ぎ式】通天閣

旧年の干支から新年の干支へ——通天閣五階の展望台で本物の動物が顔を合わせるユニークな引き継ぎ式。通天閣が再建された昭和三十一年から毎年続いており、年末の縁起行事として知られている。

立会人の天王寺動物園長と通天閣観光（株）社長が、「イラク戦争、サーズなどメー惑の繰り返しで羊頭狗肉に終わり申し訳ありません」「猿に烏帽子にならず景気低メー（不景気）のサル年にします」（二〇〇三年の場合）などと、毎年しゃれたコメントを言う。（井上）

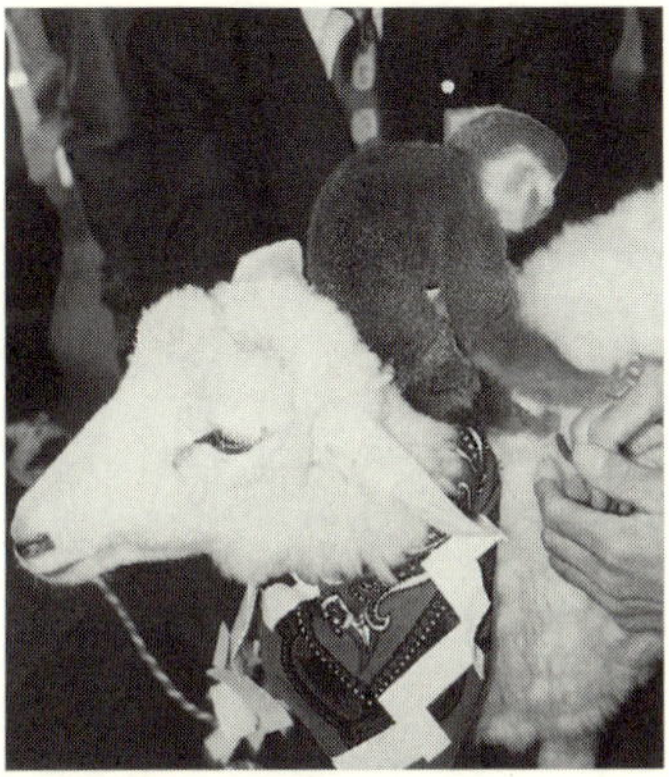

羊から猿への引継ぎ（2003年）

◇所在地/大阪市浪速区恵美須東 1-18-6
電話06-6641-9555
◇交通/地下鉄堺筋線恵美須町駅徒歩 3 分、または御堂筋線・堺筋線動物園前駅徒歩 7 分
◇時間/午前 9 時30分〜

ぶらり探訪

●巨大な祭りの跡「新世界」

今さら、と思うことなかれ。標高百三メートルの通天閣に上がると、市内の高層ビル群から生駒連山、淡路島まで三六〇度のパノラマが広がり、わが町・大阪を再確認できること必至だ。そんな時、遠景ばかりではなくすぐ足下にも目をとめ、通天閣を中心に放射線状に道路が延びていることにも注目を。通天閣が建つエリア「新世界」は、明治三十六年の第五回内国勧業博覧会を機に、パリを見本に造られた市街地。通天閣もまたエッフェル塔をモデルにした塔だったのである。内国博覧会はいわば巨大なお祭り。近代化が進む大阪に、ルナパークなる遊園地をはじめさまざまなパビリオンが並んで賑わった当時に思いを馳せるのも一興だ。

先般のリニューアルでサファリ形式になった天王寺動物園、「酒二合で一合おまけ」と気前のいい居酒屋や「ソース二度づけお断り」の串かつ店などが軒を連ねるジャンジャン横丁へも足を延ばしたい。（井上）

12月28日～元旦【伊勢迄歩講《いせまであるこう》】玉造稲荷神社

伊勢街道を歩いて初詣

毎年、十二月二十八日早朝、大阪市中央区の玉造稲荷神社から、旧伊勢街道を歩いて伊勢神宮に参拝する「伊勢迄歩講」（大阪ユース・ホステル協会主催）の参加者約六十人が出発する。元旦を伊勢で迎えるためで、大阪から歩いて内宮へ向かうこの行事は、歩行距離が昔と同じ約百七十キロ、大阪、奈良、三重と三泊五日。泊数と日数がずれているのは、最終日十二月三十一日が徹夜で歩くためで、元旦午前零時に伊勢内宮に到着する。

上方古典落語「東の旅」にも登場する江戸時代全国に広がった「おかげ参り」をまねて伊勢参宮を再現しようと、昭和四十六年から始まった。参加者の年齢も住まいもさまざま、初参加の人が三分の一、後はリピーター、中には、「お伊勢参りをしないと新年を迎えた気がしない」と平成十五年末の催しで十七回目の参加の人もいる。

早朝七時、ハイキングシューズにリュックを背負った男女が神社の境内に集まり、受付を済ました後、ウインドブレーカーの上に揃いの白の羽織を着て、全員で軽い体操をする。その後、本殿でお祓いを受けて、全員で安全祈願。午前八時、「初詣伊勢迄歩講」の字が書かれた幟を手に「エイエイオー」の掛け声とともに境内を出発、伊勢までの行程の第一歩を踏み出した。沿道の人々にとって、この姿はすっかり年末の歳時記の一つになった。

鈴木一男宮司は「現代人は今仕事や家庭のストレスで疲れきっています。伊勢まで緑の中を歩くことは、日頃緊張している精神がリラックスできます。人間であるために甦るということです。また、歩くことを通して、普段見過ごしている自然や歴史に触れて欲しい」と、話している。（青木）

旅の安全を祈り「エイエイオー」

◇所在地/大阪市中央区玉造２－３－８
◇交通/ＪＲ玉造駅、森ノ宮駅、地下鉄玉造駅、森ノ宮駅徒歩５分
◇時間/午前８時～伊勢内宮着元旦午前０時着

12月31日【除夜の鐘、開運招福の鐘】四天王寺

煩悩を払い、新年の開運を祈る三つの鐘の競演

除夜の鐘といえば古都や雪深い地方の寺のイメージが強いが、大阪にも夜空に鳴り響く鐘の音がある。四天王寺の「除夜の鐘、開運招福の鐘」だ。しかも四天王寺には、西門を入って左手の亀ノ池の傍にある〝北鐘堂〟と〝太鼓楼〟、それに南大門から入って右手にある〝南鐘堂〟の三カ所の鐘堂がある。

大晦日の夜、この三カ所の鐘堂で「除夜の鐘」が、続いて北鐘堂と太鼓楼で「開運招福の鐘」が行われている。

四天王寺の鐘はいずれも鐘堂の天上から吊り下がった綱を引くと撞木が横に動いて鐘を鳴らす方式。だから正確にいえば「鐘を撞く」ではなく、「鐘を引く」のだが、それはともかく、この日は三カ所で各百八声の鐘を撞くことができる。何人とはいわずに「声」というのは、四天王寺ではグループで一緒に撞くこともできるので、一回撞くことを一声という。〝百八〟の数字はもちろん、煩悩の数を表す。

夜がふけるにつれ、「除夜の鐘」を撞くために三三五五人々が集まってくる。家族連れや若いグループが多い。鐘を撞くのは先着順で、午後十一時前にはすでに計三二四声分の人数に達する。しかし除夜の鐘の後、続いて「開運・招福の鐘」が行われ、こちらは人数を限らず参加できるので時間とともにさらに人出が増える。おみくじ売場には若い人の列が、対照的に甘酒接待所には中年からお年寄りの長い列ができ、またイカ焼きなどの露店も賑わっている。

やがて十一時半、三カ所の鐘堂で除夜の鐘がいっせいに始まる。北鐘堂の鐘が鳴ると、それに応えるように太鼓楼と南鐘堂の鐘が響く。三カ所の鐘がこだまするように鳴る様は他のお寺では経験できない味わいである。（林）

厳かな鐘の音が夜空に響く

◇所在地/大阪市天王寺区四天王寺１-11-18　電話06-6771-0066
◇交通/地下鉄谷町線四天王寺前夕陽ヶ丘駅徒歩５分
◇時間/午後11時30分～元旦午前３時頃

の写真に魅了され、明日香から風景写真を始める。現在、全国の「万葉歌景色」を撮影取材中。旅行ペンクラブ、水門会、日本風景写真協会会員。NHK神戸文化センター講師。

藤嶽彰英（ふじたけ・しょうえい） 1929年、三重県奥鈴鹿藤原岳山麓生まれ。読売新聞大阪本社で旅行記を書き始めたのをきっかけに、毎週1頁を800回連載する。在社20年で独立、その後も旅をし、旅を書き、旅を語る。04年創立40周年を迎えた旅行ペンクラブ創設メンバーのひとり。03年から温泉学会副会長。

松田十泊（まつだ・じゅっぱく） 1943年、大阪市生まれ。神戸大学教育学部卒業後、神戸市小学校教員、コピーライター、新聞記者を経て、80年からフリーライター。大阪新聞に20年間、旅記事を書き続けた。現在のおもなテーマは、「旅と歴史、温泉」。

山本純二（やまもと・じゅんじ） 1953年兵庫県洲本市生まれ。JTBで23年間の勤務を経てトラベルライターに。旅行情報誌執筆のかたわら、KBS京都のラジオ番組にレギュラー出演中。トラジャル旅行ホテル専門学校講師。温泉学会理事。OFFICE夢紀行主宰。

吉田益治郎（よしだ・ますじろう） 1936年1月2日、大阪市東区（現・中央区）今橋生まれ。フリーランス・ジャーナリスト。豊能町（もう20年に）在住。AB型。趣味は音楽（演歌以外）、映画（ほとんど仕事）鑑賞。もちろん、旅。味遍路。旅行雑誌やガイドブックなど旅の取材・執筆を中心に、朝日新聞ラジオテレビ欄では365日、映画紹介を担当。NHK神戸文化センターで、日曜カメラ散歩の講師も。

しい大阪人。編集プロダクション「ぺんらいと」主宰。『大人の食マガジン〜あまから手帖』ほかで連載・執筆中。著書に『泊まって食べて選んだ小さな和の宿〜小宿あそび』(クリエテ MOOK)、『別冊宝島・中欧読本』(宝島社) ほか。

中田紀子 (なかた・のりこ) 1947年奈良県生まれ。エッセイスト。帝塚山大学日本文化学科講師。NHK・朝日・近鉄カルチャー講師。NHK ラジオ早朝番組の奈良県リポーターなど仕事は多岐にわたるが、執筆が中心で、数種の雑誌にエッセーや旅記事等、奈良県広報誌に「大和の祭り」を毎月連載。「峠 (古) 道と文化のかかわり」の追求はライフワークとなり、関連の執筆、講演なども多い。

中野志保子 (なかの・しほこ) 1945年、愛媛県生まれ。フリーライター。1989年から2002年までニューヨーク在住。コロンビア大学「インパクト・コミュニティー」修了。ニューヨークにてアメリカ50州の旅、ニューヨーク近郊の旅などを雑誌、情報誌、新聞などに執筆。著書に『ニューヨーク近郊の光と風』(東京書籍) がある。現在インタビュー記事、講演など。

成瀬國晴 (なるせ・くにはる) 1936年大阪生まれ、イラストレーター。上方落語を始め大相撲、タイガース選手、天神祭などの個展を国内外で多数開く。TV 旅のレポーター、ラジオパーソナリティー、TV 司会、新聞の食や旅のエッセーなどもこなす。86年大阪府知事文化功労者表彰、95年第24回上方お笑い大賞審査員特別賞受賞。画集『天神祭』『夢は正夢　阪神タイガース20年』他。日本漫画家協会会員、宝塚造形芸術大学講師。

西本梛枝 (にしもと・なぎえ) 1945年生まれ。島根県出身。神戸大学教育学部卒。3年間教職に就いた後、読売テレビの番組の中の「東海自然歩道」を担当し、放送終了後、大阪創元社から『東海自然歩道』(全4冊) を出版。以後、旅行ペンクラブ会員になり、旅を書き、語る仕事に。現在は文学作品検証の旅、昔ばなし発掘の旅、また温泉評論などを連載。放送は NHKラジオで全国の町での出会いを語る。

林　豊 (はやし・ゆたか) 1939年、大阪市生まれ。大阪府職員、編集会社代表を経て、フリーライターとして雑誌、PR 誌等に執筆。講演会・講座等の講師も勤める。民族芸術学会会員。著書に『古事記・日本書紀を歩く』(JTB キャンブックス)、『聖徳太子の寺を歩く』(同)、『お参りしたい神社百社』(同)、『徒然十二支考』(日経大阪 PR) ほか。

原田年晴 (はらだ・としはる) 1959年、大阪市生まれ。ラジオ大阪のアナウンサーとしてすでに21年になる。現在、朝のワイド番組「原田年晴のラジオでおはよう」を担当。また、ライフワークとしてラジオでは珍しい旅番組「原田旅行公社です。」も好評放送中。資格として国内旅行主任者を取得している。

藤江　宏 (ふじえ・ひろし) 1941年、岡山市生まれ。奈良県在住。広告会社クリエイティブ部勤務を経て風景写真家、SP プランナー。1980年より大和路の歴史と万葉と入江泰吉

桑原　実（くわはら・みのる）　1935年、京都府生まれ。立命館大学卒業。広告代理店でクリエイティブプロデューサーとして和歌山県・兵庫県・福井県などの文化催事や観光キャンペーンを担当。現在フリー。講演・シンポジウム・執筆などで活躍中。『ふくい宝の旅』『訪ねてみたいふくい新観光ルート200選』の企画制作。『旅の達人がすすめる関西周辺の宿』共著（日本旅のペンクラブ編）。「福井ふるさと大使」在任中。

小嶋忠良（こじま・ただよし）　1945年、岡山県生まれ。「棚田」「自然エネルギーの町」探訪中。連載コラムに「翔年時代」（デイリースポーツ）、「ふるさと発この逸品」（大阪新聞）、「薬草あれこれ」（月刊『人間医学』）などがある。執筆・著書は『鳥取NOW』、『関関同立学』（新潮社）。編集・制作『京の寺』（岡部伊都子著・保育社）、『茶屋町Labo』など多数。

小森宰平（こもり・さいへい）　1934年、尼崎市生まれ、神戸新聞社勤務中、旅と関わるようになった。著書は『神戸街歩きガイド』（実業之日本社）ほか多数。ここ数年、岐阜県れんげ賞の地域検証取材で足しげく岐阜県下を歩き、旅人の視点で地域を見る大切さを再認識。NGOボランティア組織に加わって毎年ミクロネシアにも通っている。

小山乃里子（こやま・のりこ）　1941年、北海道小樽市生まれ。ラジオ関西アナウンサーを経て、フリーのラジオタレント。ABC朝日放送、ラジオ関西にて、レギュラー番組。著書『結婚するバカ、しないバカ』『パンドラの小箱』ほか。1995年から一期、神戸市会議員。趣味はゴルフ、麻雀、愛犬との散歩。

小山美智子（こやま・みちこ）　横浜に生まれる。7歳で大阪へ。学生時代から戦時体制に入り、京都府立女専（現・京都府立大学）卒後、陽明文庫に就職内定するも、空襲が迫り石川県能登島に疎開、小学校教師で終戦を迎える。戦後民間放送開局に伴いラジオ神戸（現・ラジオ関西）1期生アナウンサー。のち朝日放送に転じ、プロデューサー歴35年。退職後、フリーでコーディネーター、ライターを続ける。

近藤敏和（こんどう・としかず）　1948年福岡県生まれ。同志社大学法学部卒業。阪神間、北摂の地域紙『アサヒファミリー』編集部部長。「かやぶきの里美山と交流する会」の事務局長。美山町の町作りと、かやぶき民家保存の活動を続けている。美山町と協力して、かやぶき保存基金や、薔薇風呂を作った。大阪スローフード協会の副理事長もしている。

椨　泰幸（たぶ・やすゆき）　1934年、鹿児島市生まれ。日本経済新聞社編集委員など歴任。クラシック音楽を中心に美術と旅について新聞、雑誌、インターネットに寄稿。大手新聞社系や地方自治体の文化講座講師、音楽祭審査員、同実行委員など。音楽評論家団体・音楽クリティッククラブ代表幹事、奈良西ロータリークラブ理事（社会奉仕委員長）。日本広報学会、日本音楽学会、民族芸術学会、温泉学会会員。

団田芳子（だんだ・よしこ）　1963年、大阪生まれ。食と笑いをこよなく愛する大阪人ら

執筆者一覧

青木和雄（あおき・かずお） 1945年、静岡県富士宮市まれ。1968年毎日放送入社、現在チーフ・アナウンサー兼チーフ・プロデューサー。TV 番組「ワイド YOU」「あどりぶランド」「近畿は美しく」等の司会を担当し、また、R 番組「青ちゃんのてるてるリクエスト」のパーソナリティとして活躍。現在、TV「なるほど！」「はっぴーマル得マーケット」に出演中。ハワイ大好き人間で、ハワイアンバンドでウクレレを演奏している。

井戸　洋（いど・ひろし） 1949年、岡山県生まれ。団塊世代のサラリーマンが一斉にリタイアする2007年以降、日本人の旅にかかわる嗜好、行動様式がどう変わり、社会にどんな影響を及ぼすのかをテーマに探っている。現在、新聞社社員。豊臣秀次を顕彰してその名誉回復を目指す NPO 法人「秀次倶楽部」理事。京都市伏見区在住。

井上理津子（いのうえ・りつこ） 1955年、奈良生まれ。フリーライター。著書に『大阪下町酒場列伝』（ちくま文庫）、『大阪おんな自分流』（ヒューマガジン）、構成書に『おおらかな介護力』（リサイクル文化社）など。“人とモノが醸す物語”的な分野を軸に、趣味系の月刊誌などに執筆している。

交野繁野（かたの・しげの） 大阪市生まれ。大阪府女子専門学校（現・大阪女子大学）卒業。1951年朝日放送入社、ラジオの教養プログラム（婦人の時間、ABC 幼稚園など）を担当。TV 料理のテキスト『料理手帳』の取材・執筆・編集を担当し定年退社。『味覚地図　大阪・神戸』（創元社）、『ミセス愛蔵版』（文化出版局）、『暮らしの設計』（中央公論社）などの料理・菓子の取材・執筆。女性の食べ歩きグループ「味楽会」にかかわって40年余。

河瀬敦忠（かわせ・あつただ） 1937年神戸市生まれ。大阪労音でコンサート、音楽教室、旅の企画を担当。旅のクラブ「ツアーメイトオオサカ」を創設、株式会社なにわグリーン代表取締役を経て現在に。ブルーガイド『四国』『関西周辺日帰りの旅』など著書多数。最近、ガリシア地方、パース、ミクロネシアなどを歩く。フレンズ・オブ・ミクロネシア会員、温泉学会会員。

木原康又（きはら・こうすけ） 1961年大阪市生まれ。国家公務員、コンピューター会社勤務を経て、旅行ライターに転身。70年代後半から国鉄ローカル線一人旅、海外では南米バス旅行、80年代はヨーロッパ鉄道と主に鉄道とバスの旅にハマる。現在は企業誌で観光地の紹介をはじめ、旅行雑誌などの執筆を行う。趣味は風景写真、パソコンとソフトの製作。

木村真弓（きむら・まゆみ） 大阪生まれ、フリーアナウンサー&ライター、各地の祭や歴史、自然や暮らしの音を収集。NHK ラジオなどで、その土地ならではの「音」を切り口にした旅情報を担当している。雑誌などで旅や街、人にまつわる取材記事も執筆。日本サウンドスケープ協会会員、NPO 法人もうひとつの旅クラブ運営委員。

【な行】

【は行】

【ま行】

【や行】

【ら行】

掲載社寺等索引

大阪の祭

2005年7月1日　初版第1刷発行
2005年8月4日　初版第2刷発行

編　者――旅行ペンクラブ
〒530-0001 大阪市北区梅田1-3-1-8F
休暇村大阪センター内
Tel.06-6343-0466　Fax.06-6343-0134

発行者――今東成人

発行所――東方出版㈱
〒543-0052 大阪市天王寺区大道1-8-15
Tel.06-6779-9571　Fax.06-6779-9573

印刷所――亜細亜印刷㈱

落丁・乱丁はおとりかえいたします。

ISBN4-88591-946-0

大阪三六五日事典 和多田勝 1800円

おおさか百景いまむかし 野村廣太郎画・朝日新聞社編 2857円

大阪の引札・絵びら 南木コレクション 大阪引札研究会編 5825円

都市絵はがきI なにわの**新名所** 橋爪紳也 1500円

豪商鴻池 その暮らしと文化 大阪歴史博物館編 2000円

続大阪弁のある風景 三田純市 1500円

大阪墓碑人物事典 近松譽文 2816円

大阪の20世紀 産経新聞大阪本社社会部 1800円

＊表示の値段は消費税を含まない本体価格です。